Wolfgang Oelsner / Gerd Lehmkuhl
Schulangst

WOLFGANG OELSNER UND GERD LEHMKUHL

Schulangst

Ein Ratgeber
für Eltern und Lehrer

Walter

Die Deutsche Bibliothek - CIP-Einheitsaufnahme
Oelsner, Wolfgang:
Schulangst : ein Ratgeber für Eltern und Lehrer / Wolfgang Oelsner ;
Gerd Lehmkuhl.- Düsseldorf ; Zürich : Walter, 2002
ISBN 3-530-40120-X

© 2002 Patmos Verlag GmbH &Co. KG
Walter Verlag, Düsseldorf und Zürich
Alle Rechte, einschließlich derjenigen des auszugsweisen Abdrucks
sowie der fotomechanischen und elektronischen Wiedergabe vorbehalten.
Umschlaggestaltung: Groothuis & Consorten, Hamburg
Satz: KompetenzCenter, Düsseldorf
Druck und Bindung: Bercker GmbH, Kevelaer
ISBN 3-530-40120-X
www.patmos.de

Inhalt

Einleitung 9

I   WENN KINDER NICHT MEHR
    IN DIE SCHULE WOLLEN
    Eine Übersicht 11

**Die Katastrophe kam in der 8. Klasse –
Chronologie einer Schulverweigerung** 12

1. Warum will Sascha nicht mehr? –
    Die Frage nach der Diagnose 14
    Merkmale der Schulangst 15
    Merkmale der Schulphobie 16
    Merkmale des Schulschwänzens 17
2. Die Diagnose bestimmt die Therapie 18
3. Sascha verteidigt seinen »Thron« –
    Schulphobie als Machtkampf 19
4. Vernetzte Hilfen 20

**Immer mehr Kinder verweigern –
Stand der Forschung** 22

1. Steigende Zahlen 22
2. Schulverweigerung – Ein Problem westlicher Gesellschaften 23
3. Merkmale schulängstlicher Kinder 24
4. Schulverweigerung gefährdet die Gesamtentwicklung . . . 26
    *Michael – Von der Schulverweigerung zu
    Depression und Isolation* 27

II SCHULVERWEIGERUNG –
    EIN PHÄNOMEN, DREI VERSCHIEDENE URSACHEN . . 29

**Schulangst –
Die Angst vor der Schule** 30

1. »Ich schaff' es nicht« – Die Angst vor Überforderung . . . 30

Enttäuschter Fleiß	32
Chronik eines Abstiegs	33
Tückische Teilleistungsstärken	34

2. »Wir wollen nur dein Bestes« –
   Das Gymnasium als Volksschule 35
   Zur Angst hochgelobt 36
   Sascia – ein kleiner Sonnenschein verliert seinen Glanz 38
   Testdiagnostik schafft Klarheit 44
   Die Tücken einer guten Förderung 45
   Fehldiagnosen dienen der Verleugnung 47
   Ehrgeiz und neurotische Beziehungsmuster 47

3. »Die machen mich fertig« – Soziale Ängste
   und Mobbing in der Schule 50
   Martin – zu wohlerzogen 51
   Zu gutmütig für die Welt 54
   Gewalt auf dem Schulhof 55

4. »Was kann ich gegen euch tun?« –
   Ängste und Störungen im Lehrer-Schüler-Verhältnis 57
   Lehrer als Zyniker 58
   Wiederholung des elterlichen Traumas 62
   Identifikation mit dem Aggressor 63

Schulphobie –
Die Angst, sich von Zuhause zu trennen 65

1. »Des Kaisers neue Kleider«
   oder die Angst vor der Bloßstellung 65
   Johannes – ein Sunnyboy scheut das Risiko 66
   Die Schule ist nur Anlaß, nicht Ursache der Phobie 73

2. »Sie fehlt mir ja doch« –
   Schulphobie als Trennungsproblem der Eltern 74
   Einbuße elterlicher Einflußnahme 75
   Autonomie aushalten 77
   Schulwege als Brücken zu Neuem 79
   Dosierte Ablösung 80
   Was hilft, wenn Eltern sich nicht trennen können? 81
   Beispiele elterlicher Trennungsangst 82

3. »Our Star is Born« – Trennungsproblematik,
   früh angelegt und nett verpackt 84
   »Mein Engelchen« 87

»Du bist unser Leben«	88
Trennungsprobleme langfristig behandeln	89
4. Die kleinen Chefs und ihre Angst vor Machteinbuße ...	90
Falk kontrolliert die Mama	91
Konkurrenzlos auf dem Thron	93
Erpressung mit Schuldgefühlen	94
Auch therapeutische Heime in Betracht ziehen	95
5. Aus der Fremde noch nicht angekommen – Schulphobie als Migrationsproblem	96
Anna soll kein Ossi sein	97
Migrantenkinder rehabilitieren ihre Eltern	98
Schulphobie »löst« Loyalitätskonflikte	100
Kombinierte Formen von Schulangst und Schulphobie	101

Schulschwänzen – Kein Bock auf Schule	103
1. Emil, Kevin, Mehmet und Co. – geschwänzt wurde schon immer	103
2. Schulschwänzen – jugendpsychiatrisch gesehen	104
Einstieg in eine dissoziale Karriere	105
Null Toleranz gegen Schwänzen	106
3. Max hängt schon im Teufelskreis	108
4. Sonderprojekte für Schulmüde	109

III WIE KÖNNEN ELTERN, LEHRER, THERAPEUTEN HELFEN?	113

Zuerst die Diagnose	114
1. Entscheidungsbäume zur diagnostischen Grobeinschätzung	114
Entscheidungsbaum Schulangst	114
Entscheidungsbaum Schulphobie	115
Entscheidungsbaum Schulschwänzen	115
2. Checklisten zur Verhaltensbeobachtung	116
Checkliste Schulangst	116
Checkliste Schulphobie	116
Checkliste Schulschwänzen	117
3. Erweiterte professionelle Diagnostik	118

Individuelle Angstdiagnostik 118
Familiendiagnostische Aspekte 119
Leistungsdiagnostik 122
Checklisten zur Verhaltensbeobachtung 123

Professionelle Hilfen 124

1. Was kann die Schule tun? 124
2. Was können Psychotherapie und Psychiatrie tun? 128
3. Übersicht therapeutischer Schwerpunkte 129

Und später? –
Eine Rückschau auf ehemalige Schulverweigerer 130

IV BRAUCHEN WIR EINE ANGSTKULTUR? 133

Schule ohne Angst? Nein danke! 134

1. Angst kann auch schützen 135
2. Angst kommt immer hoch 137
3. Angst bewältigen – nicht abschaffen 139
4. Anstrengungsbereitschaft und dosierte Angst 141

ANHANG 145

Tabelle: Häufigkeit von Trennungsschwierigkeiten und
     körperlichen Beschwerden 146
Auszüge aus Schulerlassen 146
Schulpflichtgesetz 146
Hausunterricht 147
Ärztliche Atteste 150
Schule und Psychiatrie 151
Anmerkungen 152
Bibliographie 157

Einleitung

Wer als Kind in der Nachkriegszeit in zugigen, halbzertrümmerten Schulbaracken saß und dort in Großgruppen von bis zu 60 Klassenkameraden das ABC erlernte, wird über dieses Buch womöglich den Kopf schütteln. »Deren Sorgen hätten wir haben sollen!«, wird er denken, wenn er liest, welche Probleme Kinder heute vom Schulbesuch abhalten können. Denen, heißt es vielleicht, gehöre samt Eltern nur mal ordentlich die Meinung gesagt. Und dann wird er davon erzählen, welche Kostbarkeit es damals war, in Zeiten von Not und Entbehrung, wieder in die Schule gehen zu dürfen – ohne Medien, ohne Heizung, aber mit Bildungshunger und Disziplin! Vielleicht wird auch jemand darauf verweisen wollen, welch große Anstrengungen Kinder in Entwicklungsländern unternehmen, um die Bildungsangebote diverser Hilfsorganisationen überhaupt annehmen zu können.

Gewiß, es gibt Zeiten und Regionen, in denen wird dieses Buch keine Abnehmer finden. Schulangst ist ein kulturgeografisch eingegrenztes Phänomen. Betroffen sind überwiegend die westlichen Industriestaaten. Es wäre zu einfach gesagt, Schulphobie und Schulangst seien Wohlstandskrankheiten. Richtig ist hingegen, daß sie quasi die Nebenwirkungen von Gesellschaftsformen sind, die auf der Basis einer materiellen Absicherung die Freiheit zur Individualisierung gewähren. Ein hohes Gut, das aber auch Nebenwirkungen zeitigt. Andererseits können sie Reaktionen auf ein sehr leistungsbezogenes Schulsystem sein. So erreichen japanische Schüler im internationalen Vergleich der Studie PISA 2000 nicht nur hohe Rangplätze in den Leistungen. Sie halten auch eine Spitzenstellung unter den Schulverweigern.

Schulangst läßt sich jedoch nicht einseitig auf zu strenge Lehrer, hohe Leistungsanforderungen oder Gewalt an den Schulen zurückführen. Ebenso greifen Erklärungsmuster, die den Eltern mangelnde Erziehungskompetenz und übergroße Schonung ihrer Kinder vorhalten, zu kurz.

Kinder können sich nicht aussuchen, ob sie in eine Umgebung hineingeboren werden, die sie mit der Angst vor dem täglichen Überleben konfrontiert, oder ob sie in einer Umgebung leben, die trotz materieller Sattheit zu innerpsychischen Nöten führt. Angst bleibt Angst. Und die ist immer scheußlich, immer lähmend. Es ist müßig, die Angst vor Trennung, vor Zuwendungsverlust, die Angst vor Versagen und sozialer Ächtung gegen die elementare Angst um Nahrung und Wohnung aufzurechnen. Kinder werden an beiden gleichermaßen verzweifeln. Neurotische Ängste sind keine Ängste zweiter Wahl, sie werden sehr real erlebt.

Die Anstrengungen, sie aufzulösen, sind kein Luxus unseres Lifestyle. Sie sind Voraussetzung dafür, daß Blockaden gelöst und Entwicklungen wieder in Gang kommen.

Viele Schülerinnen und Schüler durchlaufen glücklicherweise recht robust und unkompliziert ihre Schulzeit. Phasen von Angst und Widerstand sind mitunter nur kurze Episoden. Sie gehören zu einer normalen Entwicklung dazu und vermitteln die Erfahrung, Schwierigkeiten und Konflikte bewältigen zu können. Wo sie jedoch zu einer längerfristigen Haltung von Schulvermeidung auswachsen, bedürfen sie differenzierter Verstehensweisen und eines aus Pädagogik, Psychologie und Medizin zusammengesetzten multiprofessionellen Hilfesystems.

Schüler brauchen zweifelsohne eine gute materielle Ausstattung, sie brauchen funktionierende Schulgebäude und Medien. Doch ohne Strategien der täglichen Hindernisüberwindung und Angstbewältigung werden sie sie nicht nutzen können. Pädagogen und Eltern hoffen wir mit diesem Buch ein Verständnis davon zu vermitteln, wie sie dabei ihre eigene Rolle reflektieren und ihre Kinder unterstützen können.

I

WENN KINDER NICHT MEHR
IN DIE SCHULE WOLLEN

Eine Übersicht

Die Katastrophe kam in der 8. Klasse –

Chronologie einer Schulverweigerung

Sascha war stets ein guter Schüler. Kam er aus der Grundschule nach Hause, machte er sofort seine Hausaufgaben. Die Noten waren im oberen Bereich, so daß die Lehrerin ihn guten Gewissens dem Gymnasium empfahl. Auch dort startete Sascha gut, schrieb die anfänglichen Vokabeltests meist fehlerfrei und bekam von den Großeltern dafür so manches Geldstück zugesteckt. Saschas Schulzeit machte allen Freude. Der drei Jahre jüngeren Schwester wurde er zum Vorbild. Zu drei Generationen lebt man in einem Haus, und den Vater erfüllt es mit Stolz, daß sein Sohn als erster in der aufstrebenden Familie das Gymnasium besucht. Sascha ist nicht nur Stammhalter, er ist auch »kleiner König« der Familie. Sein »Thron« ist mit Zuwendung und Anerkennung üppig ausgestattet.

Aber in der 8. Klasse brechen seine Leistungen ein. Schon in der 7. brachte er erste »Dreier« nach Hause. Doch jetzt gibt es erstmals »Vierer« und sogar eine »Fünf«. Keiner schimpft zu Hause. Man nimmt ihn in Schutz: »Es ist ja auch verflixt schwer, was die Kinder heute zu lernen haben.« Sascha wird unlustig und antriebsarm. Er kränkelt, er fehlt in der Schule. Der Hausarzt schreibt Atteste. Aber wenige Tage nach Unterrichtsaufnahme stellt sich die nächste Krankheit ein. Mal ist es der Kopf, mal der Bauch, mal sind es Schwindelgefühle.

Besorgt erkundigen sich die Lehrer des Gymnasiums bei den Eltern, lassen ihm die Hausaufgaben zukommen und bauen ihm Brücken zum Wiedereinstieg. Doch mit den Wochen schlägt dieses Engagement um in Ratlosigkeit, bald auch in Verärgerung. Zweifel an der Echtheit der Krankheit werden laut, zumal sich Sascha nachmittags am Telefon bei Mitschülern gar nicht so geschwächt zeigt. Im zweiten Halbjahr kommt der Schulbesuch fast ganz zum Erliegen. So könne man Sascha nicht versetzen und überhaupt müsse man sich als Gymnasiast auch etwas mehr zusammenreißen. Vielleicht ist er ja auch überfordert: Schließlich halten alle Beteiligten einen Wechsel auf die Realschule für sinnvoll.

Dort startet Sascha relativ erfolgreich. Doch die Mutter muß ihn täglich bis ans Schultor begleiten. Sie bedauert ihn: »Es ist ja auch schwer, als Seiteneinsteiger Fuß zu fassen.« Für kurze Zeit kann sie ihm über das morgendliche Bauchweh mit gutem Zureden hinweghelfen. Doch dann geht Sascha nicht mehr aus dem Haus. Der Arzt sieht Probleme, ihm weiterhin Schulbesuchsunfähigkeit zu attestieren. Vor allem aber geht die Realschule energischer auf die Fehlzeiten ein. Atteste müsse man zwar akzeptieren, doch habe man von Sascha eher den Eindruck eines Schulschwänzers bekommen.

Nach einem halben Jahr mit sehr hohem Anteil an Fehlzeiten spricht sich die Realschule für eine Überweisung zur Hauptschule aus. Dort, so ist sich die Familie einig, werde Sascha auf keinen Fall hingehen. Die Ankündigung behördlicher Strafandrohungen wegen Schulpflichtversäumnis schreckt sie nicht ab. Eher fördern sie den Schulterschluß aller Familienmitglieder. Schützend stellen sie sich vor Sascha: »So können die mit uns nicht umgehen!«

Sascha findet diese Entwicklung zwar nicht schön. Doch irgendwie ist die Welt für ihn in Ordnung. Morgens bleibt er im Elternhaus und verblüfft bei den Vormittagswiederholungen von Fernsehquizsendungen die Großeltern: »Wie viel der Junge doch weiß!« Wenn nur nicht die zunehmenden körperlichen Beschwerden wären. Als immer heftigere Kreislaufstörungen geschildert werden, überweist der Hausarzt den inzwischen 14jährigen an eine Klinik für Kinder- und Jugendpsychiatrie und -psychotherapie.

Die Ärzte kommen zu folgenden Untersuchungsergebnissen (Auszüge aus Anamnese und Testbefund):

»Im Erstgespräch berichten die Eltern voller Sorge, daß Sascha seit einigen Monaten nicht mehr in die Schule geht. Er klagt jeden Morgen über Übelkeit, Bauchschmerzen und Erbrechen, könne zwar den Weg bis zur U-Bahnstation schaffen, müßte dann aber meistens umkehren. Sascha wurde bei verschiedenen Ärzten vorgestellt, die ihm zum Teil Medikamente gegen die körperlichen Beschwerden verschrieben, jedoch führte dies nicht zu einer wesentlichen Änderung der Situation. Bei weiteren Nachfragen berichten die Eltern, daß ähnliche Schwierigkeiten bereits im Kindergarten aufgetreten seien, auch dort habe Sascha mit Bauchschmerzen und Rückzug reagiert. Weitere Belastungen oder Erkrankungen zeigen sich in der Biographie nicht. Saschas frühkindliche Entwicklung verlief unauffällig. Er wurde zeitgerecht eingeschult, hatte keine Leistungsschwierigkeiten.

Der körperliche Untersuchungsbefund ist ebenso unauffällig wie das Hirnstrombild, so daß organische Erkrankungen für die Symptomatik ausgeschlossen werden können.

Auffallend ist die sehr enge Bindung zwischen der Mutter und Sascha, die sich kaum von ihm trennen kann und der es sehr schwerfällt, einer stationären Behandlung zuzustimmen.

In der Intelligenzdiagnostik zeigen sich Saschas überdurchschnittliche Fähigkeiten in den Bereichen sprachneutrales Denken und Lernen, technische Begabung und Ausdauer und Konzentration. Er besitzt eine überdurchschnittliche kognitive Begabung. Im Angstfragebogen für Schüler zeigen sich geringe Prüfungsängste, eine hohe Schulunlust und ein ausgeprägtes Antwortverhalten im Sinne der Bejahung von sozial erwünschten Antworten. In einem anderen Verfahren beschreibt sich Sascha als gut gelaunt, zuversichtlich, sozial verantwortlich, selbstbeherrscht und belastbar – Verhaltensweisen, die er im realen Leben nicht in gewünschtem Maße umsetzen konnte. Er zeigt sich leistungsorientiert, aktiv und handelnd, aber auch teils gehemmt, unsicher und kontaktscheu, mit ausgeprägten Ängsten zu erkranken.

Während Sascha die Vormittage zu Hause verbrachte, ging es ihm deutlich besser, seine Beschwerden hörten auf, und er konnte sich gut beschäftigen, jedoch nahm er nur in geringem Umfang Kontakt zu Gleichaltrigen auf.«

1. Warum will Sascha nicht mehr? – Die Frage nach der Diagnose

Was also ist los mit Sascha? Was fehlt ihm? Eigentlich nichts. Er ist weder organisch krank, noch ist er leistungsmäßig überfordert. Das Elternhaus ist wirtschaftlich gesichert, die Familie sehr zugewandt – zu sehr zugewandt. Zu sehr in dem Sinne, daß sie sich mit seiner Entwicklung in hohem Maße identifiziert. Sascha findet keine Nische zur Ablösung, zur gesunden Trennung. Jedenfalls nicht, ohne Schuldgefühle auf sich zu laden.

Sascha hat eigentlich kein Problem mit der Schule. Er hat aber Probleme, auf andere Bezugssysteme, auf andere Wertmaßstäbe als die der eigenen Familie zu stoßen. Im Pubertätsalter mit den Klassenkameraden mal einen Streich, eine Dreistigkeit zu begehen vermag er nicht mit dem Moralkodex der eigenen Familie in Einklang zu bringen. Das wäre zwar reizvoll, erzeugt aber Schuldgefühle. Schließlich: Sascha hat es zu Hause gut, er ist dort König. Seine Lehrer können ihm die Schulatmosphäre noch so angenehm gestalten – was bringt es? Hier ist er allenfalls »Fürst«, einer unter vielen anderen Fürsten. Königsrollen werden hier nur über das Gerangel mit Altersgleichen vergeben.

Kurz: Sascha hat primär nicht Angst vor der Schule, sondern er hat Angst, sich von zu Hause zu trennen. Dort sind die Rollen, dort ist seine Position klar bestimmt. In fremden sozialen Bezugssystemen aber droht ihm die Entmachtung, die narzißtische Kränkung – jedoch: draußen spürt er auch die Verlockung, sich von der eigenen Familie zu distanzieren. Das hieße, sie zu verraten.

Was macht man nun mit Jungen wie Sascha?
Zuerst muß eine Diagnose gestellt werden:
- handelt es sich um *Angst vor der Schule, also um eine Schulangst?* Oder
- handelt es sich um eine *Angst vor der Trennung* von zu Hause, also das, was die Kinderpsychiatrie mit »Schulphobie« bezeichnet?

Je nach Diagnose wird ein entsprechendes therapeutisches und pädagogisches Vorgehen gewählt. Dabei ist immer die Abklärung des körperlichen Befundes vorauszusetzen. Sind organische Ursachen auszumachen, darf nicht von Schulphobie oder -angst gesprochen werden. Auch darf es sich nicht um eine lediglich vorübergehend auftretende Schulunlust handeln. Episoden dieser Art treten öfter im Laufe der Schulzeit auf – und verschwinden auch wieder.

Merkmale der Schulangst

Die besondere Situation in der Schule kann Kinder massiv in Konflikte und Ängste stürzen. Hierzu gehören die Angst vor Leistungsanforderungen, etwa durch Klassenarbeiten, das Gefühl, überfordert zu sein oder von den Mitschülern abgelehnt zu werden und von den Lehrern nicht geschätzt zu sein. Hiermit verbunden sind Gefühle der Demütigung und Bloßstellung. Während bei der Schulphobie kein direkter Bezug zur Schulsituation besteht, liegen die Auslöser für die Schulangst im Umfeld der Schule begründet und können konkret benannt werden. Kinder mit Schulangst verlassen häufiger den Unterricht, um nach Hause zu gehen und der für sie bedrohlichen oder kränkenden Situation zu entkommen. Auch bei ihnen treten im Rahmen der Angstentstehung körperliche Beschwerden auf. Da hohe Anforderungen bzw. Überforderungen auch zum schulängstlichen Verhalten führen können, sollte immer überprüft werden, ob Teilleistungsstörungen – etwa in der Merkfähigkeit oder Wahrnehmung – oder ob Leistungsdefizite vorliegen.

Die diagnostischen Kriterien der Schulangst können wie folgt zusammengefaßt werden:

1. *Starke Angst vor der Schule selbst, das heißt Leistungsanforderungen, Lehrern oder Mitschülern;*
2. *Auftreten körperlicher Beschwerden ohne organische Ursache zumeist während des Schulbesuchs;*
3. *Fehlen dissozialer Störungen.*

Merkmale der Schulphobie

Die Schulphobie stellt ein Angstsyndrom der frühen Schulzeit dar. Die Kinder verweigern den Schulbesuch, klagen über vielfältige körperliche Beschwerden, mit denen sie versuchen, in der Nähe der Mutter zu bleiben und morgens das Haus nicht verlassen zu müssen. Es handelt sich hierbei um eine Trennungsangst, die es dem Kind sehr schwer oder unmöglich macht, sich von der Mutter zu lösen. Auch situationsspezifische Ängste, etwa nicht allein Straßenbahn oder Bus fahren zu können, spielen häufig eine Rolle. Letztlich besteht eine hochgradige, existentiell bedrohlich erlebte Angst, die eine Trennung von zu Hause und damit den Schulbesuch unmöglich macht.

Es ist charakteristisch, daß die inneren Ängste und Widerstände mit dem Ausmaß der Fehlzeiten wachsen und es dann zu sehr langen, oft Wochen und Monate dauernden Fehlzeiten kommt. Die Eltern verhalten sich zumeist besorgt, suchen wegen der körperlichen Beschwerden Kinderärzte auf und versuchen, eine organische Ursache für die geklagten Beschwerden zu finden. Neben der extremen Ängstlichkeit sind die Kinder häufig traurig gestimmt und haben Stimmungsschwankungen. Dieser Angstaffekt ist zumeist morgens, wenn der Schulbesuch ansteht, besonders intensiv und läßt gegen Mittag nach, so daß dann auch Kontakte zu Gleichaltrigen und entspannte Spielsituationen möglich sind. Aber der gute Vorsatz, am nächsten Morgen es wieder zu versuchen und einen neuen Anlauf zu starten, scheitert erneut. Dies bedeutet, daß Kinder und Eltern jeden Tag merken, daß es ihnen nicht gelingt, die Situation zu meistern, wodurch Ängste und Sorgen wiederum verstärkt werden.

Für die Betroffenen ist es sehr schwer, aus diesem Teufelskreis herauszukommen. Dabei können die Lehrer und Mitschüler meist gar nicht verstehen, warum es dem Kind nicht gelingt, zur Schule zu kommen: Die Leistungen sind nicht schlecht, die Kontakte zu den Gleichaltrigen gut, und auch mit den Lehrern gibt es keine Konflikte.

Die diagnostischen Kriterien der Schulphobie lassen sich so zusammenfassen:

1. Starke Schwierigkeiten, die Schule zu besuchen, die meist zu einer lang andauernden Weigerung des Kindes führen, in die Schule zu gehen;
2. emotionale Störungen;
   extreme Ängstlichkeit;
   depressive Symptomatik und Stimmungsschwankungen;
   körperliche Beschwerden ohne organische Ursachen.
   Diese Symptome treten bei der Forderung auf, die Schule zu besuchen;
3. Schulverweigerung geschieht mit Wissen der Eltern;
4. Fehlen dissozialer Störungen wie z. B. Stehlen, Lügen, aggressive Verhaltensstörungen.

Merkmale des Schulschwänzens

Mit dem Begriff »Schulschwänzen« bezeichnet die Kinder- und Jugendpsychiatrie eine dritte Variante des Schulverweigerns. Er meint genau das, was umgangssprachlich darunter verstanden wird: »Kein Bock auf Schule«. Dieses Phänomen ist so alt wie die Schule selbst. Es ist diagnostisch auch so deutlich und greifbar, daß es nicht Gegenstand dieses Buches ist. Hier sind die Leistungen der Jugendhilfe gefordert, denn zu offenkundig sind die meist milieubedingten Ursachen.

Von Schulängstlichen und Schulphobikern lassen sich die Schulschwänzer gut abgrenzen. Sie verlassen morgens das Haus, kommen aber nicht immer in der Schule an. Andere Interessen und Beschäftigungen werden von ihnen bevorzugt. Die Eltern wissen davon nichts und reagieren völlig überrascht, wenn sie von den Lehrern hierüber informiert werden. Körperliche oder emotionale Schwierigkeiten treten bei Kindern, die die Schule schwänzen, selten auf. Vielmehr klagen die Lehrer über ihre aggressiven und sozial auffälligen Verhaltensweisen und sind unausgesprochen manchmal froh, wenn sie die »Störenfriede« los sind. Die in ihrer Familie eher vernachlässigten und wenig beaufsichtigten Kinder treffen sich meist in einer Clique und verbringen so den Vormittag, kehren mittags nach Hause zurück, als wären sie in der Schule gewesen.

Da man weiß, daß Schulschwänzen ein zentraler Risikofaktor für dissoziale Entwicklung und Gewalttätigkeit darstellt und vor allem viele kriminelle Jugendliche über einen längeren Zeitraum die Schule nicht mehr besuchen, werden derzeit an verschiedenen Orten Maßnahmen überlegt, wie Schulschwänzer zurück zum Unterricht gebracht Jugendkriminalität somit eingedämmt werden kann. Schulschwänzer gelten als besonders gefährdet für Bandenkriminalität, Gewaltverbrechen und Straftaten.

Dies liegt auch daran, daß Jugendliche, die die Schule schwänzen, meist schlechte Noten haben, ihre Schulausbildung häufiger abbrechen oder schlechte Schulabschlüsse erzielen und damit schlechtere berufliche Chancen haben.

Bezüglich Sascha kann dieses Symptombild vernachlässigt werden. Doch um klar abgrenzen zu können, seien die diagnostischen Kriterien auch hier zusammengefaßt:

1. *Es bestehen keine Ängste vor dem Schulbesuch, wohl aber zeigt sich eine starke Schulunlust;*
2. *begleitende Verhaltensmerkmale sind Aggressivität und soziale Verhaltensauffälligkeiten;*
3. *Schulverweigerung geschieht ohne Wissen der Eltern;*
4. *die Schulleistungen sind schlecht, es kommt häufig zu Klassenwiederholungen.*

2. Die Diagnose bestimmt die Therapie

Die verschiedenen Merkmale des Phänomens Schulverweigerung legen nahe, daß es verschiedene Ansätze zu seiner Therapie gibt.

Während sich beim Schulschwänzen Maßnahmen der Jugendhilfe, der Pädagogik, der Milieuveränderung anbieten, muß bei Schulangst und Schulphobie gut differenziert werden, ob spezifische Ängste vor der Schule oder Trennungsprobleme von zu Hause im Vordergrund stehen. Erst nach Klärung dieser Fragen kann das pädagogische wie therapeutische Vorgehen entschieden werden.

Bei der *Schulangst* muß nach den Gründen für die Überforderung gesucht werden. Sind es die Mitschüler, ist es Mobbing, ist ein Lehrer der Auslöser? Liegen vielleicht Schwächen in der Reizverarbeitung oder der Wahrnehmung vor? Oder gibt es Probleme mit Arbeitstempo und Ausdauer? Gegebenenfalls muß dann der Plan für die Schullaufbahn korrigiert werden.

Jedenfalls gilt es bei Schulangst, die Schule für das Empfinden des Schülers einfacher, erfolgversprechender, annehmbarer zu machen. Eltern und Pädagogen sollten sich um eine Veränderung des Bedingungsfeldes Schule bemühen, gegebenenfalls hilft zusätzlich eine Therapie, das Kind zu stabilisieren. Auch Hobbypflege, Vereine oder eine Nachhilfe gehören in das Hilfespektrum.

Anders verhält es sich bei der *Schulphobie*. Hier wird es nichts nützen, die Schule »netter« zu machen. Das kann sogar die Probleme verschärfen. Denn schulphobische Kinder wissen in der Regel um die Irrationalität ihres Verhaltens. Es ist ihnen peinlich. Je intensiver sich Schule und Eltern um den Schulbesuch des Kindes bemühen, desto stärker können Scham und Schuldgefühle erlebt werden. Es mag paradox klingen, doch bei Schulphobikern ist eine robuste Gangart – in »kontrollierter Dosis« – durchaus angebracht. Denn hinter der vermeintlichen Ängstlichkeit steckt oft gleichermaßen kindliches Machtstreben. Der kleine Prinz will sich nicht vom Thron begeben. Vor allem nicht in die Niederungen der Gleichaltrigen, wo ihm ein rauherer Wind als zu Hause entgegenbläst – womit wir wieder bei Sascha sind.

3. Sascha verteidigt seinen »Thron« – Schulphobie als Machtkampf

Sascha hatte eindeutig eine Trennungsangst. So, wie er das Bezugsfeld Schule und vor allem sich selbst dort erlebte, war es nicht mit seiner häuslichen Rolle zu vereinbaren. Denn dieser höfliche Junge mit der Ausstrahlung eines Meßdieners konnte in der Schule ganz schön frech, ja auch ordinär werden. So sehr er diesen Teil seines Selbst für den Augenblick genoß, so sehr irritierte dieser ihn auch. Rasch mußte er ihn verleugnen und abspalten: Es waren die anderen, die frech waren.

Am deutlichsten bekamen das die Lehrer der Klinikschule zu spüren, die Sascha während seiner dreimonatigen stationären Behandlungszeit – und auch noch Monate darüber hinaus als ambulanter Patientenschüler – besuchte. Die Lehrer mußten nämlich als sogenannte Übertragungsobjekte herhalten. Das heißt, die Schulklasse wurde zum Ersatzschauplatz für Abgrenzungs- und Aufbegehrungsversuche, die zu Hause nicht gewagt wurden. Viele Ungezogenheiten, auch Unverschämtheiten wurden den Lehrern entgegengebracht. Sascha inszenierte in der Schule genau die Pubertätskonflikte, die sonst in den Elternhäusern ausgetragen werden.

Aus dem engmaschigen System von Klinik und Klinikschule konnte Sascha nicht flüchten, so daß seine – unbewußte – Doppelbödigkeit ausgelebt wurde. Er zeigte ein Verhalten zwischen überangepaßter Sohn-Rolle und burschikosem Schüler. Beispielsweise vertraute Sascha dem Lehrer seinen heimlichen Konsum von Horror-Videos an. Am Besuchertag hingegen stachelte er seinen Vater an, er möge den Lehrer doch verklagen, wegen dessen Behauptungen, Sascha würde Horror-Videos gucken. Für das stabile Binnensystem der Familie war es wichtig, einen gemeinsamen Feind auszumachen, denn dann konnten Aggressionsdurchbrüche innerhalb der Familie unterdrückt werden.

Das System Schule gerät bei Schulphobikern bevorzugt in die Rolle des »bösen Außenfeindes«, vor allem dann, wenn es dem Schüler nicht mehr die Dauerbestätigung als »Einser-Kandidat« verleiht. Deshalb kann auch nur hier, im System Schule, und nicht in einer isolierten Therapiepraxis der eingespielte Mechanismus durchbrochen werden. Allerdings bedarf die Schule dazu der Hilfe der therapeutischen Fachdienste.

4. Vernetzte Hilfen

Die Klinikärzte verweigerten jene Atteste, mit denen Sascha sich jahrelang vor dem Sportunterricht gedrückt hatte. Zur Teilnahme in der Kleingruppe der Klinikschule wurde er mehr oder weniger gezwungen. Er empfand es als ungeheure Kränkung, als ihm beim Fußball der erste Ball hart berührte. Da der Sportlehrer aber zugleich sein Klassenlehrer war, zu dem er – bei aller Ambivalenz – auch Vertrauen gefunden hatte, brach Sascha nicht sofort ab, sondern blieb auf dem Spielfeld. In dem Maße, wie er einstecken lernte (anfangs wurde nur mit Soft-Bällen gespielt), lernte er auch auszuteilen. Überzogene Affekte bekam er unter Anwesenheit seines Lehrers rasch in den Griff. Es war eine Freude zu sehen, wie er an dessen Seite, wie von einem Hilfs-Ich, gegen Wutdurchbrüche geschützt, rasch zu einem wertvollen Fußballer der Schulmannschaft heranreifte.

Saschas Geschichte macht deutlich, wie wenig Kindern mit Trennungsangst auf den klassischen disziplinarischen Wegen beizukommen ist. Ihr Verhalten entzieht sich zu sehr logischen Wenndann-Beziehungen. Das Beispiel zeigt auch, wie vernetzt die Fachdisziplinen (Psychotherapie, Pädagogik, Medizin) zusammenwirken müssen, um eine Schulphobie aufzulösen. Die Kinder müssen Gelegenheit finden, die Schulerlebnisse und die mit ihnen verbundenen ambivalenten Erlebnisse einzeltherapeutisch zu verarbeiten. Die Lehrer ihrerseits müssen Kenntnisse und Gespür für Beziehungsfallen und Doppelstrategien – wie im Falle Sascha – mitbringen, um neurotische Kreisläufe aufzulösen. Vor allem müssen sie auf die Übertragungsphänomene vorbereitet werden, um die reichlichen Zumutungen und anfänglichen Entwertungen auszuhalten, um nicht selbst affektiv zu reagieren.

Saschas Fall mag einführend veranschaulichen, daß Angst vor der Schule und Angst vor der Trennung vom Elternhaus zweierlei sind. Zwar äußern sie sich gleich: Ein Kind geht nicht zur Schule. Doch erst die Diagnose, ob es sich um *Schulangst* oder *Schulphobie* handelt, bestimmt die weitere Vorgehensweise. Diese ist auf eine multiprofessionelle Vernetzung angewiesen.

Es bleibt noch zu erwähnen, wie es mit Sascha weiterging. Er blieb noch bis zum Ende der 9. Klasse in der Klinikschule. Dann war er robust genug, um in eine berufsvorbereitende 10. Klasse des Regelsystems zu wechseln. Eine dreijährige Lehre schloß er als Industriekaufmann ab. Heute ist er Angestellter in einem Kaufhauskonzern. Fußball ist sein Freizeitsport.

Immer mehr Kinder verweigern –

Stand der Forschung

Schulverweigerung ist kein Phänomen, das erst in der letzten Zeit aufgetreten ist. Vielleicht wird heute darüber mehr gesprochen und diskutiert als früher, und insofern steht es mehr im öffentlichen Bewußtsein. Verläßliche Angaben über die Häufigkeit und vor allem eine Zunahme des Phänomens sind nur schwer zu belegen.

1. Steigende Zahlen

Aus den 70er Jahren stammen Häufigkeitsangaben von Rutter aus einer zufällig gewonnenen Stichprobe. Sie liegen bei drei Prozent der 10- bis 11jährigen Kinder, während sie bei Kindern, die wegen psychischer Schwierigkeiten in der Klinik oder einem Fachmann vorgestellt werden, bis zu acht Prozent betragen. Aktuelle Untersuchungen von King und Bernstein (2001) gehen von einer Rate von fünf Prozent aller schulpflichtigen Kinder und Jugendlichen aus, obwohl dieses Problem in manchen Großstädten nach Angaben der Schulen deutlich stärker ist. In bestimmten Altersgruppen tritt dieses Phänomen häufiger auf, vor allem dann, wenn neue Schulsituationen anstehen. Bei der Einschulung, beim Wechsel in die höhere Schule oder auch generell beim Schulwechsel steigt das Risiko, daß schulbezogene Ängste vorliegen. Neuere Verlaufsuntersuchungen zeigen, daß Fehlzeiten in der Schule mit einem geringeren Abschluß, späteren sozialen Schwierigkeiten und einem erhöhten Risiko psychischer Störungen einhergehen. Insofern sollten möglichst früh Hintergründe festgestellt und ein »Früherkennungssystem« in Schulen aufgebaut werden, damit man den betroffenen Kindern unmittelbar helfen kann.

In einer eigenen Untersuchung trat bei vier Prozent der Kinder am Ende des ersten Schuljahres nach Einschätzung der Eltern manchmal Angst vor der Schule auf. Nicht gern in die Schule gingen manchmal elf Prozent, häufig knapp zwei Prozent der Kinder,

Schulschwänzen kam in diesem Alter immerhin bei einem Prozent der Kinder vor. Befragt wurden durch eine Zufallsstichprobe insgesamt 1000 Eltern. In einer bundesweiten Untersuchung gaben 5,4 Prozent der Eltern von Jungen und 4,3 Prozent der Eltern von Mädchen an, daß diese über Schulangst klagen. Schwänzen kam, wenn man alle Jahrgangsstufen zusammennimmt, bei gut fünf Prozent der Kinder vor, auch hier waren die Jungen überrepräsentiert. Im Grundschulalter beträgt die Rate der Schulversager ca. vier bis acht Prozent und nimmt mit fortschreitendem Alter ab. Dennoch stellt auch im Jugendalter, das heißt in den fortführenden Schulen, die Schulverweigerung ein nicht seltenes Problem dar und ist Anlaß für intensive Hilfen. Zwischen den verschiedenen Schultypen treten dabei keine bedeutsamen Unterschiede auf. Beim Schulschwänzen liegt der Anteil im Schnitt bei fünf Prozent, wobei ein Teil der Kinder nur einige Tage, andere hingegen Wochen und Monate der Schule fernbleiben. In dieser bundesweiten repräsentativen Stichprobe an fast 3000 Kindern und Jugendlichen konnte kein durchgehender Geschlechtsunterschied festgestellt werden (s. Döpfner et al. 1998, Lehmkuhl et al. 1998a, b).[1]

2. Schulverweigerung – Ein Problem westlicher Gesellschaften

Schulverweigerung ist nahezu ausschließlich ein Phänomen der westlichen Industriestaaten. So können japanische Schulkinder auf das Mitgefühl ihrer Umgebung zählen, aber nicht auf Nachsicht (Schmitt 1992)[2] Erfolgreich sein ist nur möglich durch harte Arbeit, es steht zuviel auf dem Spiel, als daß man versagen dürfte. In einer repräsentativen Untersuchung gaben von 3000 japanischen Kindern zwischen zehn und elf Jahren mehr als 70 Prozent an, ständig müde und erschöpft zu sein, und zwar sagten das ebenso die Klassenbesten wie auch die weniger Begabten. Fast 40 Prozent wünschten sich ein paar Tage, an denen sie nicht lernen müßten und mehr Freizeit genießen könnten. Im Schulalltag führt der Zusammenhang von schikanösem Drill und Frustration zu Schulschwänzern, schulängstlichen und Problemkindern. Eine japanische Statistik aus dem Jahre 1992 besagt, daß fast 67 000 Grund- und Mittelschüler mehr als 30 Tage dem Unterricht fernblieben,

mit steigender Tendenz. Berichte aus dem japanischen Sonder-
schulwesen verzeichneten im Frühjahr 2001 inzwischen 120 000
langfristige Schulverweigerer. Inzwischen seien sie zur größten Problemgruppe des japanischen Erziehungswesens angewachsen. Das
ist die Schattenseite des Erfolgs, wenn in der schulvergleichenden
PISA-Studie japanische Schüler hohe Rangplätze belegen.

Auch in der Bundesrepublik Deutschland gibt es einen ansteigen-
den Trend. Zwar sind statistisch derzeit in jeder Klasse nur ein bis
zwei Kinder davon betroffen, aber die Folgen sind für die langfristige
soziale Entwicklung doch so weitreichend, daß der richtige Umgang mit dem Symptom von großer Bedeutung ist.[3]

Da Schulverweigerung sich häufig schleichend entwickelt, mit
der Zeit sich verstärkt, ist es besonders wichtig, Verstärkungen und
Teufelskreise aufzudecken und zu verändern. Eine enge Bindung
und daraus resultierende Trennungsangst von zu Hause werden
dann sekundär verstärkt, wenn in der Schule entweder auf das Fehlen überhaupt nicht eingegangen wird oder wenn Lehrer mit hoher
Nachsicht die offensichtlichen Probleme überbrücken, dadurch
aber die Probleme ungewollt chronifizieren. Kommen noch Leistungsschwierigkeiten durch das Fehlen hinzu und reißen soziale
Kontakte zu den Klassenkameraden ab, dann entsteht ein sich ver-
stärkender negativer Kreislauf, aus dem der Schüler selbst nur
schwer wieder herauskommt. Die vorhandenen begleitenden körperlichen Beschwerden und Ängste legen in der ersten Zeit die An-
nahme einer körperlichen Erkrankung nahe, so daß eine zurück-
haltende Reaktion der Umgebung das Symptom eher unterstützt.
Solcherart Schonung kann aber eher dazu führen, daß sich der Be-
troffene weiter entzieht und aus seinen Beschwerden einen zunehmenden Krankheitsgewinn zieht: unangenehme Anforderungen
und angstbesetzte Situationen werden vermieden.

3. Merkmale schulängstlicher Kinder

Versucht man, *Kinder mit Schulängsten* zu charakterisieren und ihr
Umfeld zu beschreiben, dann zeigen sich einige gehäuft vorkom-
mende Merkmale. Die Kinder sind meist ängstlich, selbstunsicher
und von ihren Müttern abhängig. Es besteht ein hoher Kontrast zwischen aggressivem und dominantem Verhalten zu Hause gegenüber

Geschwistern und Eltern und einer Schüchternheit und Ängstlichkeit in der Schule oder bei anderen sozialen Kontakten. Obwohl ihre Begabung meist oberhalb des Durchschnitts liegt, sollte diese immer untersucht werden. Viele Beschreibungen und Beobachtungen legen die Wirksamkeit von »auslösenden Faktoren« nahe. So stellt ein Schul- oder Klassenwechsel ein häufig auslösendes Moment dar, ebenfalls Schulferien oder krankheitsbedingtes längeres Fehlen in der Schule. Auch außerschulische Ereignisse wie Trennungserfahrungen, Verlusterlebnisse, schwere Erkrankungen von Angehörigen und Todesfälle finden sich im Vorfeld. Die Bedeutung der Geschwisterstellung wird nicht einheitlich gesehen. Während in verschiedenen Arbeiten betont wird, daß es sich vermehrt um das älteste oder das jüngste Kind handelt, wird das Risiko für Einzelkinder unterschiedlich eingestuft. Hingegen scheint das Risiko für sogenannte »funktionelle Einzelkinder«, bei denen zum nächstälteren Kind ein großer Altersabstand besteht und damit oft eine besondere Mutter-Kind-Beziehung einhergeht, erhöht zu sein.[4]

Die besondere Rolle des Kindes für einen Teil der Eltern wird auch in der Einschätzung der Familienbeziehungen betont. Es wird hier zwischen »überbesorgten« und »ambivalenten« Konstellationen gesprochen, wobei das Fernbleiben von der Schule auf die besondere Intensität und Qualität der Beziehung hinweist. Entsprechend werden die Mütter häufig als nachsichtig und in ihrer Erziehungshaltung eher unsicher beschrieben, ohne sich gegen die Wünsche und Forderungen ihrer Kinder durchsetzen zu können. Depressive Störungen und Angststörungen kommen in diesen Familien auch bei anderen Angehörigen öfters vor. Auch die Väter werden als passiv, sich im Hintergrund haltend charakterisiert, wobei das Bild des nicht präsenten Vaters eine typische Bedeutung für das Nichteinhalten von Regeln und Forderungen besitzt.

Prognostisch günstig ist das Auftreten der Symptomatik eher bei jüngeren Kindern und wenn die Dauer der Schulverweigerung eher kurz ausfiel. Beträgt diese mehrere Wochen, dann besteht die Gefahr der Chronifizierung.

Betrachtet man die Entwicklung von Kindern mit Schulängsten und entsprechenden psychischen Belastungen wie soziale Ängste und depressive Symptome (Bernstein et al. 2001), zeigt sich, daß sie deutlich *häufiger verschiedene Ärzte* aufsuchen und deutlich mehr Praxiskontakte aufweisen. In einer Praxisstudie, an der 1524 Kinderärzte teilnahmen, wurde gefragt, in welcher Häufigkeit Schulangst und verschiedene körperliche Beschwerden Anlaß für den Praxisbesuch/Arztbesuch sind. Mit 40 Prozent wurde die Schulangst als »häufig« bis »sehr häufig« eingestuft. Ihre Bedeutung wurde höher eingeschätzt als die der Hyperaktivitätsstörung bzw. der Aufmerksamkeitsdefizitstörung und des nächtlichen Einnässens und war vergleichbar mit den Problemen von Schlafstörungen. Schulangst spielt also in der Praxis des Kinderarztes eine wichtige Rolle, wobei die funktionellen Beschwerden, das heißt, die nicht organisch bedingten Formen der Kopf- und Bauchschmerzen, häufig in engem Zusammenhang mit Schulängsten stehen.[5]

4. Schulverweigerung gefährdet die Gesamtentwicklung

In älteren Untersuchungen wurde bereits darauf hingewiesen, daß für die weitere Entwicklung der Kinder und eine günstige Entwicklungsprognose die rasche Wiederaufnahme des Schulbesuchs entscheidend ist. »Prompt returned to school« stellt ein wichtiges Ziel dar und sollte Eltern, Lehrer wie Therapeuten in ihren Aktivitäten leiten. Eine Spontanauflösung des Problems kommt selten vor. Allerdings ist es schwierig, die notwendige Therapie zu beginnen, wenn es an Kooperationsbereitschaft mangelt. Eine Rückkehr zur Schule ohne gleichzeitige Bearbeitung der zugrundeliegenden Problematik führt selten zu einem langfristigen Erfolg.

Die gründlichen Arbeiten von Berg (1969, 1976) verdeutlichen, daß bei gut der Hälfte der betroffenen Kinder auch mehrere Jahre nach dem Beginn der Schulangst weiterhin Probleme vorlagen. Diese betrafen emotionale, insbesondere ängstliche und depressive Symptome, aber auch allgemeine soziale Beeinträchtigungen und sozialen Rückzug. Ehemalige Schulverweigerer suchen auch später häufiger ambulante psychiatrische bzw. psychotherapeutische Hilfe auf, und erst neuerdings stellten Bernstein und Mitarbeiter (2001) fest, daß vielfach Angststörungen und depressive Symptome mit den Schulproblemen einhergehen, so daß eine längerfristige Hilfe häufig notwendig ist. Es handelt sich dabei bei der Mehrzahl der Kinder und Jugendlichen um ein ernsthaftes Problem, das intensive Hilfen erfordert. Hierzu gehören auch Überlegungen und Konzepte, wie die betroffenen Kinder und ihre Familien am besten für eine Therapie gewonnen werden können.

Familiäre Belastungen und konfliktreiche Interaktionen komplizieren das Problem langfristig und bedürfen besonderer Unterstützung. Hierbei zeigen die betroffenen Familien ein unterschiedliches Belastungs- und Interaktionsprofil. Einerseits finden sich sehr enge Bindungen mit intensiver Nähe und gegenseitiger Abhängigkeit, andererseits sind auch sehr konfliktreiche Beziehungsmuster vertreten. Diese verschiedenen intrafamiliären Verhaltensweisen gilt es im Beratungs- und Behandlungskonzept zu berücksichtigen.

Michael – von der Schulverweigerung zu
Depression und Isolation

Wie einschränkend und belastend der Verlauf schulphobischen Verhaltens für die Entwicklung des Kindes sein kann, läßt sich am Beispiel von Michael ablesen. Er kam in Begleitung der Eltern sowie zivil gekleideter Polizisten per richterlichen Beschluß in die Klinik zur Aufnahme. Diese Maßnahme war erfolgt, nachdem Michael gut zwei Jahre lang die Schule nicht mehr besucht und zunehmend einen depressiven und sozial ängstlichen Eindruck gemacht hatte. Sein Tagesablauf war durch Fernsehen und Computerspiele sowie viel Schlafen gekennzeichnet. Soziale Kontakte sowie außerhäusliche Aktivitäten bestanden nicht mehr. Michael gab an, daß er sich hiermit durchaus zufrieden fühle und ihm andere Kontakte und Beschäftigungen nicht fehlten. Die Zeugnisse seien früher eher schlecht gewesen und hätten ihn nicht motiviert, die Schule weiter zu besuchen. Er habe keinen Sinn mehr darin gesehen, sich der Kritik und den schlechten Noten zu stellen. Auch in der Familie nahm er eine isolierte Stellung ein, hatte zeitweise tagelang keinen Kontakt zu seinen Angehörigen und verbrachte seine Zeit mit sich und den von ihm bevorzugten Aktivitäten. Insgesamt herrschte in der Familie eine große Hilflosigkeit und Kommunikationsunlust, wobei es häufig zu Streit zwischen den Eltern kam, die sich aber nicht durchringen konnten, etwas Grundlegendes in ihrer Beziehung zu verändern. Die Mutter räumte ein, daß sie Michael übermäßig verwöhne und ihm gegenüber starke Schutzimpulse habe.

Während der Behandlung wurde die ausgeprägte Isolation und soziale Ängstlichkeit sehr deutlich, aber auch sein oppositionellverweigerndes Verhalten mit versteckt aggressiven Impulsen. Er traute sich aufgrund seiner ausgeprägten sozialen Ängstlichkeit und depressiven Stimmungslage kaum zu, Kontakte zu Gleichaltrigen aufzunehmen bzw. Aktivitäten außerhalb von zu Hause zu planen. Sowohl seine eigene Entwicklung als auch die der Familie wirkte festgefahren, wenig flexibel und nicht in der Lage, mit Belastungen umzugehen. Es bedurfte eines mehrjährigen Behandlungszeitraumes, um Michael so weit zu motivieren und in seinem Selbstvertrauen zu stärken, daß er sich sozialen Anforderungen wieder stellte und es ihm auch gelang, seine Position im familiären Umfeld zu behaupten.

Ein vereinfachtes Entstehungsmodell für Schulverweigerung. Eine erhöhte Belastung führt zu Störungen (Vulnerabilitäts-Streß-Modell).

Vorfeld	allgemeine Ängste, Unbehagen mit der Schule und mit der Trennung von zu Hause, wenig Freundschaften, Erwartungsangst vor der Schule, soziale Unsicherheit (betrifft ca. 10–12 Prozent der Kinder)
Auslöser	Belastende Einflüsse auf den Schulbesuch und typische Auslöser für Verweigerung: Umzug, Schulwechsel, Scheidung, Trennungserfahrung, Überforderung, geringe soziale Kontrolle und mangelnde familiäre Unterstützung, Mißerfolg in der Schule, Konflikt mit Klassenkameraden und Lehrern
Symptom	Formen der Schulverweigerung Schulphobie Schulangst Schulschwänzen (betrifft ca. 5–8 Prozent)

II
SCHULVERWEIGERUNG – EIN PHÄNOMEN, DREI VERSCHIEDENE URSACHEN

Schulangst –

Die Angst vor der Schule

1. »Ich schaff' es nicht« – Die Angst vor Überforderung

Permanente Überforderung macht krank. So lautet eine Lebensweisheit – eine Binsenweisheit. Wer hätte das nicht schon mal erlebt, daß eine als zu schwer empfundene Aufgabe auf den Magen drückt, Kopfschmerzen macht, lähmt, Angst verursacht? Es gibt Anforderungen, von denen man genau weiß, daß das eigene Können nicht ausreicht, um sie zu bewältigen. Es fehlt an Kenntnissen, Erfahrung oder an Mut. Es gehört zur Reife und Souveränität einer Persönlichkeit, sich diesbezüglich einschätzen zu können. Bei Kindern sind Möglichkeiten und Grenzen noch offen, es ist ihr Privileg, sich auszuprobieren, sich erst allmählich zu positionieren. Dazu bedürfen sie der Hilfe von Erwachsenen, deren Schutz, Anleitung und verantwortlichen Dosierung – nicht ständig und nicht in allen Einzelheiten, aber doch als Rahmenkonzept.

Natürlich heißt das nicht, Kindern alle Schwierigkeiten aus dem Weg zu räumen. Im Gegenteil: hohe Anforderungen können auch Entwicklungsanreize sein. Sie können Motivation und Willenskraft freisetzen, um den Schritt auf ein neues Entwicklungsplateau zu riskieren. »Fördern durch Fordern« ist keine neue Erkenntnis. Allenfalls wird sie heute didaktisch wieder gezielter berücksichtigt. Ohnehin fordert das Aufwachsen an sich hinlänglich genug Mühe. Die Provokationen des Alltags sind nicht nur Zumutung, sondern auch Entwicklungsanschub. Über all das wollen wir uns hier nicht verbreitern. Es darf als selbstverständlich vorausgesetzt werden.

Problematisch sind Überforderungen, wenn sie anhaltend sind, wenn sie zur Lebensstruktur gehören. Dann können sie krank machen. Begnügen wir uns hier damit, diesen inzwischen allgemein bekannten und anerkannten Zusammenhang zu erwähnen und nur mit wenigen Zahlen zu unterstreichen.

Eine von der Deutschen Forschungsgemeinschaft (DFG) vorgelegte Untersuchung der Universität Bielefeld aus den 90er Jahren kommt zu dem Ergebnis, daß sich etwa jeder zweite Schüler in einer Konfliktsituation fühlt, die mit dem Eindruck subjektiver Überforderung begründet ist. Folgen seien psychosomatische Symptome wie Kopfschmerzen, Schlaflosigkeit, Übelkeit, Nervosität, Unruhe, Konzentrationsstörungen.

Kernaussage der großangelegten Befragung von Schülerinnen und Schülern im Sekundarstufenalter ist deren Sorge, den Anforderungen nicht zu genügen. Jeder zweite fühlt sich zu einer Schulform gedrängt, deren Niveau als zu hoch empfunden wird.

49 Prozent sind unsicher, ob das Schulziel erreicht werden kann;

35 Prozent fürchten ein Sitzenbleiben;

24 Prozent sehen ihre Leistungen unterhalb der elterlichen Erwartungen.

(Mehrfachnennungen waren bei der Befragung möglich.)

Wenngleich solche Ergebnisse nicht dramatisiert werden müssen (ein nicht geringer Teil der Konflikte sind Wesensmerkmal jeglichen Schülerdaseins zu allen Zeiten), so lassen sie doch aufhorchen und gesellschaftliche Entwicklungen kritisch hinterfragen. Eine generelle Überforderung von Kindern bleibt schlimm und muß unterbunden werden. Doch das Phänomen ist bekannt und soll hier nicht weiter behandelt werden. (Siehe auch das Kapitel »Wir wollen nur dein Bestes«)

Es lohnt sich allerdings, die *subtilen* Formen von Überforderung näher zu beleuchten. Wie unsichtbare Fallstricke spannen sie sich über vermeintlich gesicherte Entwicklungswege. Ihre Tücke liegt darin, nicht erkannt, nicht zugeordnet zu werden. Kommt es dann zum Absturz, sind Enttäuschung und Ratlosigkeit groß. Schlimmer noch: es werden falsche Zuordnungen und Erklärungsversuche unternommen, die eine negative Entwicklung festigen können. Ein ursprünglich eingegrenztes Problem wird dann zu einer generalisierten Lernstörung, die sich in Schulunlust oder Schulangst zuspitzen kann.

Die nachfolgend dargestellten Gründe von Überforderung mögen paradox und unverständlich erscheinen, handelt es sich doch um – absolut gesehen – ausgesprochen wünschenswerte Phänomene: Fleiß und Teilleistungsstärken.

Vielleicht wird an diesen zunächst so unverständlich erscheinenden Phänomenen besonders deutlich, warum Schulangst nichts mit Schulschwänzen zu tun hat und warum vor allem gutwillige, gut geförderte, auch ehrgeizige Kinder zum Symptomkreis gehören.

Enttäuschter Fleiß

Wie kann Fleiß, diese Königsdisziplin der pädagogischen Tugenden, zu einem Fallstrick in der Schullaufbahn werden? Denken wir an ein Grundschulkind mit mäßigem bis durchschnittlichem Begabungspotential. Mit Fleiß und diszipliniertem häuslichen Üben wird es gute Zeugnisnoten erhalten. Angesichts des allgemeinen Klagens über Undiszipliniertheit, Motivationsmangel, nicht erledigte Hausaufgaben fällt in der Klasse ein fleißiges, leistungswilliges Kind durchaus positiv auf. »Wenn mal doch alle so wären!« Mit solch aufatmendem Lob werden die Fleißigen rasch zu Lichtblicken im Lehrerzimmer. Gegen Ende der Grundschulzeit werden diese Kinder meist mit besten Zensuren ins Gymnasium gelobt.

Die guten Noten sind durchaus gerechtfertigt, denn die entsprechenden Leistungen wurden erbracht. Dies geschah jedoch unter unverhältnismäßig hohem Aufwand an Fleiß und Training. Natürlich wirken die guten Rückmeldungen selbstverstärkend und mobilisieren Reserven. Angesichts der Erfolgseuphorie wird jedoch übersehen, daß für relativ einfache Lernprozesse schon die Obergrenze des Leistungsvermögens bemüht werden mußte. Auch ist die Abhängigkeit vom vertrauten Rahmen groß. Kommt etwas Unvorhergesehenes wie längere Krankheit, Lehrer- oder Ortswechsel, dann ist die Irritation beträchtlich. Aufholstrategien und Neuanpassung stehen nicht so flott zur Verfügung. Der Übergang in eine weiterführende Schule provoziert zwangsläufig solche Irritationen.

Spätestens hier werden solche Kinder mit einer weiteren Realität konfrontiert, die sie nur als ungerecht erleben können. Sie werden sehen, daß andere mit weniger Aufwand zu dennoch besseren Leistungen kommen. Das ist eine ziemliche Kränkung für diejenigen, die bislang nur mittels hoher Disziplin mithalten konnten. Nach der Erprobungsstufe, ab Klasse 7, reicht immer seltener nur das Geübte, das auswendig Gelernte aus, um zu imponieren. Denn zunehmend kommt es nun auf flexible Denkleistungen und Abstraktionsvermögen an. Für den fleißigen, aber mäßig begabten Schüler ist es manchmal demütigend zu erleben, wie Klassenkameraden, die die Schule viel lässiger angehen, in den Leistungen an ihnen vorbeiziehen.

Chronik eines Abstiegs

Die Zeugnisse von Sven dokumentieren von der 5. bis zur 10. Klasse die Chronik eines Abstiegs, der schließlich in einen Ausstieg mündet. Allein die in den sogenannten Kopfnoten aufgeführten Schulversäumnisse lesen sich wie eine Fieberkurve. In den jeweils versetzungsrelevanten zweiten Schuljahrhälften fehlte er in der 5. Klasse fünfzehn Stunden, in der 6. Klasse sechsundfünfzig Stunden, in der 7. Klasse hundertfünfzig Stunden, in der 8. Klasse hundertvierzehn Stunden, in der 9. Klasse hundertdreiunddreißig Stunden, in der 10. Klasse vierhundertzwei Stunden. Dabei war Sven ein körperlich robuster, sportlicher Junge, der selbst im Winter wenig mit Erkältungen zu kämpfen hatte.

Auch sonst gab es keinerlei Hinweise, daß es sich um einen schwierigen Schüler oder ein problematisches Umfeld gehandelt hätte. Weder lag ein zerrissenes Begabungsprofil vor, noch standen überehrgeizige Eltern dahinter. Sie unterlagen am Ende der Grundschulzeit auch keinem Höhenflug, der um jeden Preis zum Gymnasium hätte führen müssen. Eine Realschule wurde für angemessen befunden. Sven war einfach ein fleißiges Kind. Daß es intellektuell begrenzt war, fiel nicht weiter auf. Sein Lerneifer kompensierte vieles. Nie war die Versetzung gefährdet. Doch trotz dieser hohen Investitionen kam Sven über ein »befriedigend« in der 5. Klasse nie hinaus. Lediglich in Englisch erreichte er mit guten Vokabeltests ein »gut«. Aber schon im nächsten Jahr, als vermehrt Sprachkompetenz und Grammatik verlangt wurden, gab es hier nur ein »ausreichend«. Ab der 8. Klasse rutschten alle Noten auf »ausreichend« ab, die zweite Fremdsprache Französisch gar auf »mangelhaft«.

Für Außenstehende legen solche Zeugnisse den Verdacht nahe, hier sei ein Pubertierender in Lustlosigkeit und Faulheit hineingeraten. Zu deutlich ist der geradezu schubweise Abstieg in allen Lernbereichen. Nichts läßt das Gegenteil ahnen, nämlich daß hier ein Junge lange Zeit mit großem Fleiß seiner intellektuellen Begrenztheit entgegenzuarbeiten versuchte. Trotz verbissener Vokabelarbeit brachte er keinen vernünftigen Aufsatz in der Fremdsprache aufs Papier. Allein die von Anfang an stets nur ausreichende Note in Kunst hätte ein Hinweis sein können, daß Sven über unzureichende Kreativität und Gestaltungsfähigkeit verfügte.

In der 10. Klasse erhält Sven schließlich gar keine Schulzensuren mehr. Angesichts der über vierhundert Fehlstunden gilt er als nicht benotbar. Kurz vor dem Ziel ist der angestrebte Abschluß in weite Ferne gerückt. Entmutigt will sich Sven gänzlich von allen Bildungszielen, bald auch Lebenszielen verabschieden.

Es sei hier nur kurz erwähnt, daß Sven während des Aufenthalts in der Klinik für Jugendpsychiatrie in der angeschlossenen Klinikschule einen befriedigenden Hauptschulabschluß erreichen konnte. In psychotherapeutischen Gesprächen lernte er, sich mit seinem Niveau auszusöhnen, Schwächen und Stärken anzunehmen. Er mußte nicht mehr gegen die unbewußte Kränkung aufbegehren, daß andere mit weniger Aufwand in der Schule besser waren als er. Ein von der Klinik und der Berufsberatung veranlaßtes Begabungsprofil verhalfen ihm zu einer erfolgversprechenden Ausbildungswahl.

Tückische Teilleistungsstärken

Es liest sich wie ein Druckfehler: Teilleistungs*stärken* als Schulproblem! Pädagogen sind eher mit jenen Problemen vertraut, die Teilleistungs*schwächen* verursachen. Doch auch Stärken in Teilgebieten bergen Fallstricke für die Schulkarriere. Ihre Tücke liegt darin, daß Teilleistungsstärken generalisiert werden; beispielsweise wird aus einer guten Merkfähigkeit allgemeine Klugheit abgeleitet.

Besonders schriftsprachliche Einzelleistungen verleiten zu Überschätzungen (siehe auch das Fallbeispiel Sascia, S. 38 ff.). Von der fehlerfreien Wiedergabe eines geübten Diktats wird gern auf allgemein gute Intelligenz geschlossen. Das kann zutreffend sein, muß es aber nicht. Ebensowenig kann von auswendig beherrschten Einmaleinsreihen auf mathematisches Denkvermögen geschlossen werden. Die »Stunde der Wahrheit« kommt später, wenn es gilt, aus einer Textaufgabe die Rechenoperationen erst herauszusuchen. Kinder mit guten, aber isolierten Merkfähigkeiten erleiden hier oft große Irritationen – und mit ihnen die ganze Familie.

Es ist eine Art Selbstschutz, wenn die neuen Hürden, wenn die schlechtere Beurteilung als Ungerechtigkeit der Lehrer interpretiert wird. Manche Kinder erhöhen zunächst noch ihre Opferbereitschaft, strengen sich noch mehr an – schließlich war diese Strategie einst so erfolgreich –, bis sie dann resignieren. Manche überdrehen auch. Sie werden umtriebig oder spielen den Klassenclown. Konflikte häufen sich. Die Schule wird zum Ort ihrer Niederlage. Am besten, man meidet ihn.

Eine so begründete Verweigerung ist eine – verständliche – Schutzmaßnahme vor drohender Selbstdemontage. Hinter der Schulphobie steckt eine Enttäuschungsprophylaxe. Mit der Fremdzuschreibung, daß »die anderen die Bösen und Ungerechten« sind, läßt sich die Selbsttäuschung aufrechterhalten: »Ich bin doch spitze.« Schulangst aus Verleugnung der eigenen Begrenzung ist besonders hartnäckig. Der damit verbundene Sozialstreß ist für das Kind zwar lästig, doch er wird in Kauf genommen, um das größere Übel, die Selbstenttäuschung, abzuwehren. Und wer auf geselligen Treffen im Smalltalk mitbekommt, welch hohen Stellenwert der schulische Erfolg der Kinder für das jeweilige Familienimage hat, der ahnt, daß es nicht nur um die Enttäuschung des Kindes über sich selbst geht. Manchmal scheint es, als ergösse sich das »Mangelhaft« als Schande über die gesamte Familie.

2. »Wir wollen nur dein Bestes« – Das Gymnasium als Volksschule

»Das Gymnasium ist die Volksschule unserer Zeit«. Hinter solch salopp vorgetragener Übertreibung stehen zwei gegensätzliche Aussagen: Die eine preist die erweiterten Chancen zum Besuch der sogenannten höheren Schulen, die andere beklagt einen Niveauverlust, der »Hinz und Kunz zum Abitur führt«. Tatsache ist jedenfalls, daß die Hauptschule in Deutschland heute von nicht einmal mehr als einem Viertel aller Schüler angestrebt wird, während ihre Vorläuferin, die Volksschule, 1970 noch von fast 60 Prozent eines Abschlußjahrgangs besucht wurde.[1] Wenn hierbei auch sehr starke Unterschiede zwischen den einzelnen Bundesländern sowie das Aufkommen der Gesamtschule zu berücksichtigen sind, so ist der Trend zum Gymnasium doch überall augenfällig. Man setze sich nur einmal in die Elternversammlung einer vierten Grundschulklasse, um zu erleben, wie nach der Empfehlung fürs Gymnasium, wenigstens aber für die Realschule, geeifert wird.

In einer mittleren westdeutschen Industriestadt wie Leverkusen besuchen derzeit beispielsweise 62 Prozent aller Sekundarstufenschüler Gymnasium und Realschule, 25 Prozent die Gesamtschule und nur 13 Prozent die Hauptschule.[2]

Während Bildungsideologen polemisieren, ob denn die Kinder in den vergangenen 30 Jahren so viel klüger waren bzw. besser gefördert wurden oder ob denn das Anspruchsniveau heute so viel tiefer veranschlagt wird, zeigt der Schulalltag, daß etliche Kinder falsch, nämlich überfordernd beschult werden.

In der Rheinmetropole Köln schockierte die Tagespresse im März 2001 die Öffentlichkeit mit Ergebnissen, die Schulpolitiker lieber zurückgehalten hätten: Laut einer internen Studie an Kölner Hauptschulen waren 42 Prozent der Kinder und Jugendlichen Rückläufer aus Gymnasien, Real- und Gesamtschulen.[3] Das heißt nichts anderes, als daß fast die Hälfte aller Hauptschulabsolventen ursprünglich einmal mit anderen Bildungszielen die Grundschule verließ. Nach hohen Starterwartungen wurden sie »nach unten durchgereicht«. Der zynische Fachjargon läßt ahnen, mit welchen Kränkungen solche Schulformwechsel für die Betroffenen und ihr Umfeld einhergehen. Intellektuelle Überforderungen sollten für solche »Absteigerkarrieren« eigentlich ausscheiden. Denn diese sind bei der heutigen Testdiagnostik vorher zu klären. Wenn da nicht die Tücken der Verstellung, der Verleugnung und des Ach-so-gut-Gemeinten wären.

Zur Angst hochgelobt

Es mag paradox klingen, aber es würde manches vereinfachen, wenn Eltern über die Begrenzung ihrer Kinder enttäuscht wären. Sie mögen das beklagen, vielleicht auch darüber schimpfen, doch die Verhältnisse wären klar und deutlich. Jedenfalls muß das nicht zur Schulphobie führen. Irgendwann arrangiert man sich mit dem Status und entdeckt die vielen anderen Wege, die zum persönlichen Glück und beruflichen Erfolg auch ohne Abitur führen. Problematisch wird es, wenn Schwächen geleugnet werden: »Mein Kind doch nicht!« Wenn sich dann noch eine Lehrperson findet, der man mangelnde Förderung und berufliches Unvermögen nachsagen kann (natürlich gibt es solche), ist die Selbsttäuschung perfekt. Gerne werden auch Störungen durch Problemfälle in der Klasse (natürlich gibt es auch die) als Ursache für begrenzte Lernerfolge des eigenen Kindes herangezogen. In Einzelfällen mögen solche Schuldzuweisungen durchaus zutreffen. Doch vielfach dienen sie als Entlastungsstrategie, um die Überschätzung des eigenen Kindes nicht wahrnehmen zu müssen.

Besonders tückisch wird es, wenn eigentlich wünschenswerte Erziehungsmethoden zum Mittel der Verleugnung werden. Gemeint ist das »Wegloben« von Schwächen oder das pauschale Hochloben von Kindern, ohne deren realistisches Leistungsvermögen zu kennen. Was von Erwachsenen dann gut gemeint ist, muß noch lange nicht als »gut gemacht« ankommen. Im Gegenteil. Folgende Beispiele mögen das verdeutlichen: In einigen Gegenden Deutschlands ist es üblich geworden, Kindern zur Einschulung Glückwünsche per Zeitungsannonce zu übermitteln. Neben »viel Spaß und Erfolg in der Schule« sowie dem Hoffen zum Beispiel auf eine nette Lehrerin finden sich auch solche Formulierungen:[4]

Hallo, Steuermann, Daniel!	*Hallo, Dr. (in spe) Ronja Christiane, »Räubertochter« Müller!*
Jetzt geht endlich die Schule los. Bald bist Du Kapitän.	Mehr als bis 3 zählen kannst Du schon lange, den Rest schaffst Du auch noch.
Wir freuen uns mit Dir.	Alles Liebe zum 1. Schultag!
Oma Dorle und Opa Horst	*Deine Mami + Papi*

Solche Formulierungen sind sicherlich lieb gemeint, als Ermutigung und Ansporn gedacht. Doch wie hoch wird damit die Meßlatte gelegt! Wie groß ist die Angst vor der Enttäuschung, vor dem Fall aus der hochgejubelten Höhe! Das kann schnell passieren. Etwa wenn der »Steuermann Daniel« Wahrnehmungsschwierigkeiten hat. Die müssen gar nicht so gravierend sein. Es genügt, daß Daniel einfach mehr Zeit braucht, um Zusammenhänge zu erfassen, um flexibel darauf zu reagieren. Mit etwas mehr Zeit würde er ja zum

Ziel kommen. Mit etwas zusätzlicher Anschauung würde er die Matheaufgabe ja lösen. Doch die Klassenkameraden haben schon aufgezeigt oder das Ergebnis in die Klasse hineingerufen, während er noch an den Fingern abzählt. Rechnet so ein Kapitän?

Kinder zu loben, ihren Ehrgeiz zu entfachen, sie mit Zielen zu locken ist richtig und förderlich. Doch fahrlässig ist es, dies pauschal zu tun, ohne Kenntnis der individuellen Möglichkeiten und der spezifischen Begabung eines Kindes. Dann werden für die richtigen Kinder die falschen Maßhöhen abgesteckt. Sich dagegen zu wehren ist schwer. Vor allem, weil alles so lieb gemeint ist. »Keiner schimpft mit mir, aber kann ich das Niveau auch halten?«

Kinder durchschauen schnell das hohle Gerede, wonach sie »ruhig Straßenfeger, aber Hauptsache glücklich« werden dürfen. Wehe, es kommt wirklich so! Solche Berufsperspektiven treiben keinem in der Familie Glanz in die Augen. Und den sähe man doch so gern bei Mama und Papa, den Großeltern, den Paten. Sie wollen doch alle mein Bestes.

Was kann ein Kind tun, wenn es selbstkritisch und sensibel genug ist, um selbst zu begreifen, daß es die Kommandobrücke wohl kaum als Kapitän betreten wird? Soll es hochstapeln und lügen? Manchmal ist das die Vorstufe zur Schulangst. Doch das hieße ja, diejenigen zu belügen, die es so gut mit ihm meinen. Das macht Schuldgefühle. Soll es die Wahrheit eingestehen, zugeben, daß der Kapitän nur Leichtmatrose ist? Auch das macht Schuldgefühle. Am besten ist es, man läßt es nicht darauf ankommen, geht erst gar nicht mehr hin. Die Schule wird gemieden.

Sascia – ein kleiner Sonnenschein verliert seinen Glanz

Dem »Fräulein Doktor in spe« aus der Zeitungsannonce oben wollen wir wünschen, daß es die gesetzten Erwartungen erfüllen kann. Von einem anderen »Frl. Dr.«, dem das nicht gelang, soll die folgende Falldarstellung handeln.

Sascia war ein »spätes Geschenk des lieben Gottes an die alten Eltern«. So jedenfalls charakterisierte das Akademikerehepaar (Mutter Rechtsanwältin, Vater Arzt) ihr in der Tat spätes Elternglück. Ihr einziges Kind erhielt Zuwendung und Förderung, wie sie liebevolle und wohlhabende Eltern gern geben. Sascia dankte es ihnen mit all dem Temperament und Charme, den ein hübsch anzusehendes, gesundes Mädchen in eine bildungsbürgerliche Familie hineintragen kann. Es kam Leben ins Haus. Gern wurden andere Kinder eingeladen, auch mit Übernachtung, schließlich sollte Sascia nicht am Einzelkindstatus leiden. Das war zwar alles anstrengend, doch »der kleine Sonnenschein« lohnte es – auch, daß die Mutter fast ganz ihren Beruf aufgab.

Ein Wonneproppen kommt in die Schule

Die Einschulung wurde ein Fest. Sascia ging gern, brannte darauf, ihre Lese- und Zählkünste zu zeigen. Schulkameradinnen wurden mit nach Hause gebracht und Hausaufgaben gern gemacht, gab es dafür am nächsten Morgen doch reichlich Stempelaufdrucke zur Belohnung. Für die Lehrerin war Sascia anstrengend, vor allem ihre Impulsivität nervte. Doch brachte sie mit ihrem Wissen Schwung in den Sachunterricht, und in Musik und Sport konnte sie keß die anderen mitziehen. Der mangelnden Sorgfalt bei den Kulturtechniken Lesen und Schreiben stand im ersten Zeugnisbericht die große Lebendigkeit und Kontaktfreudigkeit mehr als ausgleichend entgegen.

Gute Zeugnisse bis Klasse 3

Bis ins dritte Schuljahr behält Sascia ihre Klassenlehrerin. Diese schätzt das fördernde und auf Schulfesten engagierte Elternhaus. Man ist aufeinander eingespielt. Den Zeugnistexten ist anzumerken, daß die Lehrerin den kleinen Wirbelwind auch im dritten Jahr noch mag:

»Sascia bewies viel Ausdauer und Ruhe für die Bewältigung von Aufgaben und deren Lösung. Dazu griff sie auf Hilfestellung zurück, konnte dann aber selbständig weiterarbeiten. Sie zeigte sich an allen Unterrichtsinhalten interessiert und bereicherte Gespräche mit ihren durchdachten und ideenreichen Beiträgen. Mit der gewonnenen Sicherheit im Umgang mit schulischen Anforderungen konnte Sascia ihr Arbeitstempo langsam steigern und sich auch die Wochenplanarbeit besser einteilen, um alle Pflichtaufgaben in der vorgegebenen Zeit zu erledigen. Ihre Hausaufgaben fertigte sie vollständig und zuverlässig an. Sascias verträgliche und mitfühlende Art zeigte sich auch im guten Kontakt zu ihren Mitschülern und Mitschülerinnen, was auch in der Partner- und Gruppenarbeit deutlich wurde. Selbstbewußt konnte sie ihre Meinung darstellen, wobei es Sascia

39

immer besser gelang, ihren Äußerungsdrang zu steuern und den Schülern geduldig zuzuhören.«

Sascia ist knapp neun, als sie so beurteilt wird. Angesichts des üppigen Lobs bedarf es schon eines sehr kritischen Blicks, um auch folgende Feststellungen herauszulesen: Sascia braucht Hilfestellungen. Die langsame Steigerung des Arbeitstempos und Einteilung des Wochenplans sind erwähnenswert, lagen zuvor also noch im argen. Außerdem hat Sascia mit ihrer Impulsivität zu kämpfen. Auch bei den Zeugnisbemerkungen zum Lernbereich Sprache muß man schon kritisch lesen, um eine Schwachstelle zu finden:

»Sascia hat im Lesen an Sicherheit gewonnen. Auch unbekannte Texte las sie sinnentnehmend und fast fließend. Beim sprachlichen Gestalten von Texten zeigte Sascia viel Einfühlungsvermögen und Phantasie, was durch den lebendigen Schreibstil sehr deutlich wurde. Hier könnten treffende Verben/Adjektive zu einer Verstärkung beitragen. Auch Sachtexten wußte sie schon Informationen zu entnehmen und herauszustellen. Auch im mündlichen Bereich zeigte sich die Erzählfreude von Sascia. Ihre Beiträge waren gut formuliert und zeigten ein gutes Allgemeinwissen. Im Rechtschreibbereich zeigte sie Fortschritte.«

Der Begeisterung über Sascias phantasievollen Spracheinsatz folgt also nur die nüchterne Feststellung von Fortschritten im Rechtschreiben. Auf welchem Niveau diese geschahen, ist nicht zu erfahren.

Den Testaten in Mathematik wird der geübte Zeugnisleser entnehmen, daß im folgenden die Mühen eines Kindes gelobt werden, dem das Rechnen offenbar nicht ganz leichtfällt:

»Sascia verfolgte den Mathematikunterricht aufmerksam, Ihre Beteiligung war hier noch gering. Sie sollte in diesem Fach verstärkt ihr Können zeigen. Aufgaben des Kleinen Einmaleins konnte sie immer schneller und richtig lösen. Im Zahlenraum bis 1000 bewegte sie sich zunehmend sicherer. Im Umgang mit Längen- und Gewichtsmaßen und deren Umrechnung sowie in der Kommaschreibung bei Gewichten und Geldbeträgen muß sie noch sicherer werden.«

Immerhin wurden die Mühen mit einem »gut« benotet.

Ende der Lernstufe drei gibt die Lehrerin die Klasse an eine Kollegin ab. Als sähe sie ihre früheren guten Beurteilungen nun schon mal mit fremden Augen, denen der zukünftigen Kollegen in den weiterführenden Schulen, relativiert sie in den Kernbereichen Rechtschreiben und Mathematik die Zensuren erstmals auf ein »befriedigend«. Nach wiederholtem Lob über Sascias große Hilfsbereitschaft und Eloquenz folgt am Schluß bei den »nicht so wichtigen Fächern« doch ein deutlicher Hinweis auf ein Grundproblem ihres Lernverhaltens.

»Sascia bemühte sich stets um eine aufmerksame Teilnahme am Kunstunterricht. Sie hatte Freude am Betrachten und Besprechen künstlerischer Werke. Ihre Beiträge waren oft phantasievoll, sie müßten aber noch viel regelmäßiger zum Ausdruck gebracht werden. Sascia konnte nicht immer Freude am Malen und Zeichnen entwickeln, da ihr dazu Ausdauer und Geduld fehlen und vielleicht auch der eigene Anspruch an die eigene Arbeit zu hoch ist. Sascia nahm krankheitsbedingt nicht am Sportunterricht teil. Eine Benotung erfolgt nicht.«

Schulangst bahnt sich als Krankheit an

Das einst so vitale Mädchen kränkelt zunehmend. Auch stellt sich am Ende der 3. Klasse nicht so recht das erhoffte Glück einer rundum guten Schülerin ein. Die Freude, die das Schulmädchen den Eltern anfänglich machte, verliert an Glanz – trotz so starker Förderung!

Auch die Lehrerin dürfte darüber rätseln. Sie verpackt ihre Hilflosigkeit in ungewollt doppelbödige Empfehlungen. An einer Stelle in ihrem letzten Zeugnis heißt es: »Sascia sollte auch weiterhin ihre Arbeiten am Wochenplan ohne häusliche Hilfen durchführen und beenden.« Zwei Abschnitte weiter dann diese Empfehlung: »Sie bedarf bei komplexen Aufgabenstellungen noch der Hilfe. Durch tägliches Üben des Kleinen Einmaleins könnte Sascia ihre Rechenfähigkeit steigern.«

Es sei immer wieder betont, daß solches Sezieren von Schulzeugnissen nicht besserwisserisch betrieben werden soll. Leistungsberichte werden aus dem Hier und Jetzt geschrieben. Später läßt sich das mit anderen Blicken lesen. Lehrerwechsel ermöglichen dieses »Im nachhinein«, dieses »Mit fremden Augen sehen« während der aktuellen Schullaufbahn. Das ist Chance und Belastung zugleich. Für Sascia und ihre Familie wird es zunächst zur Katastrophe.

»Stunde der Wahrheit« in Klasse 4

Es ist nicht so, daß bei der neuen Lehrerin im 4. Schuljahr nun plötzlich ein ganz anderer Wind wehte. Doch im letzten Grundschuljahr (in den meisten Bundesländern ist das die 4. Klasse) ziehen die Anforderungen an. Phantasievolle Beiträge, kreatives Sozialverhalten oder anschauliche Spiele im Rechenunterricht sind zwar weiterhin erwünscht. Doch dies bekommt immer mehr den Anruch von »Firlefanz« angesichts der alles beherrschenden Frage: »Kommt mein Kind aufs Gymnasium?« Das ist zwar verkürzt und mag auch etwas boshaft klingen, doch die zentrale Frage in der letzten Grundschulklasse kreist nun einmal um die Weichenstellung für die Zukunft. Spätestens jetzt führt die Zuckertütenstimmung der Einschulung zur Stunde der Wahrheit. Für viele Kinder und Eltern ist das ein Schock.

Für Sascia kommt der Schock in Gestalt der neuen Klassenlehrerin. Mit ihr fallen die alten Krücken weg. Denn die neue Lehrerin macht deutlich, auf wie vielen Hilfen Sascias bisherige Schullaufbahn gestützt war. Tempovorgaben, Arbeitsumfang, Anschauungshilfen – all das war im alten System zwischen Eltern und Lehrerin recht individuell auf das Mädchen zugeschnitten. Und die guten Noten dokumentierten eher die Freude über Erfolge innerhalb dieses Fördersystems, als daß sie den objektiven Vergleich mit der Altersgruppe standgehalten hätten. Doch anstatt individuell zubereiteter Arbeitsblätter gibt es in der 4. Klasse nun Diktate mit ungeübten Texten, im vorgegebenen Zeitmaß. Sascias Leistungen brechen dabei ein.

Plötzlich will sie nicht mehr zur Schule gehen. Sie klagt über Alpträume, Einschlafstörungen. Blaß und kleinlaut zieht sie morgens aus dem Elternhaus. Manchmal geht sie aber auch gar nicht. Dann sind Kopf- und Bauchweh »so groß«. Die Eltern zeigen sich alarmiert, suchen die Schule auf und stimmen mit ihrer Tochter darin überein, daß die Lehrerin »kein Herz habe« und nur die zukünftigen Gymnasiasten fördere.

Die Eltern überziehen die Schulleitung mit Gutachten von Fachinstitutionen. Dabei stellt sich heraus, daß Sascia schon als Vorschulkind auditive Wahrnehmungsstörungen attestiert bekam, daß sie deswegen seit langem – unter hohem familiären Zeitaufwand – an der Tomatis-Therapie teilnimmt, daß sie psychomotorisch behandelt wird und aus therapeutischer Indikation intensive musikalische Früherziehung erfuhr. Die Mutter beklagt, daß sie nicht mehr wie bei der früheren Lehrerin ein abgestimmtes Übungspaket bekomme, das sie am Nachmittag mit Sascia erarbeiten könnte. Bis zu zwei Stunden hätten früher die häuslichen Übungen gedauert. Im übrigen denke man zukünftig eher an eine Waldorfschule. Nur Sascia selbst spreche ehrgeizig vom Ziel Gymnasium.

Teilwahrheiten als letzte Stufe der Verleugnung

Als die vegetativen Störungen zunehmen und Tage mit Klassenarbeiten zu chronischen Fehltagen werden, bringen die Eltern die Bescheinigung eines psychologischen Instituts bei, daß Sascia eine Lese-Rechtschreibschwäche auf der Grundlage einer ausgeprägten optischen und akustischen Wahrnehmungsschwäche attestiert. 75 Prozent ihrer Altersgenossen – sagen die Testergebnisse – verfügen im Lesen und Schreiben über bessere Voraussetzungen. Die Schule möge die Rechtschreibleistung doch bitte in der Benotung ausklammern. Ausdrücklich wird in der Bescheinigung vermerkt, daß diese Teilleistungsschwäche nichts mit einem allgemeinen Intelligenzdefizit zu tun habe, denn die testpsychologische Untersuchung habe »eine weit überdurchschnittliche intellektuelle Kapazität« festgestellt.

Die Lehrerin folgt dem Rat und reduziert die Leistungserwartungen im Rechtschreiben. Doch das macht Sascia nicht mit. Sie will genau die gleichen Diktattexte haben wie die anderen, sie will in der gleichen Zeit wie die Klassenkameraden schreiben – und am liebsten den freiwillig längeren Text. Wird ihr das verwehrt, schreit und tobt sie, sie sei »keine Doofe«.

Die Situation spitzt sich zu. Sascia schläft nicht mehr und wird vom Kinderarzt krank geschrieben. In den Herbstferien blüht sie etwas auf, doch am ersten Schultag nach den Ferien geht sie nicht aus dem Haus. Das Attest wird Woche um Woche verlängert, doch sonntags abends steht schon fest: Auch in der neuen Woche wird es nichts mit dem Schulbesuch. Sascia regrediert zu Hause ins Kleinkindhafte, wird »schmusig und kratzig« zugleich. Als sie in der Vorweihnachtszeit äußert, »lieber sterben zu wollen« als in die Schule zu gehen, suchen die Eltern eine Klinik für Kinder- und Jugendpsychiatrie auf. Zur stationären Aufnahme sieht man dort keine Indikation. Vorgeschlagen wird eine ambulante Psychotherapie und eine sofortige Entschärfung der schulischen Situation. Es gelingt, bei den Schulbehörden für Sascia einen vorübergehenden Externen-Status in der Klinikschule zu erreichen.

Testdiagnostik schafft Klarheit

Hilfreich ist eine Testdiagnostik am neutralen Ort. In Sascias Fall offenbarte sich das, was viele bereits ahnten, was als Ergebnis aber bislang nicht angenommen werden konnte: Sascia war an der Grenze zur Lernbehinderung. Mit Prozentrang 14 lag sie deutlich im unteren Normbereich. 86 Prozent aller Gleichaltrigen waren also intelligenzmäßig besser ausgerüstet als sie.

Aber wie konnte es in den Voruntersuchungen zu einer so guten Intelligenzeinschätzung kommen? Dort wurden Testverfahren eingesetzt, die weniger die absoluten Fähigkeiten messen als mehr Spiegelbild der bisherigen Förderung sind. Und die war bei Sascia bekanntlich gut. Doch alles, was sie leistete, geschah unter ungeheurer Anstrengung. Sie bewegte sich schon bei Routineaufgaben an der Obergrenze ihres Vermögens. Eltern, Schule und diverse Fachstellen waren in die gängige Falle geraten, ein gut gefördertes, fleißiges Kind für klug und reproduziertes Wissen als Intelligenz anzusehen.

Vor allem über zwei Fallstricke war man gestolpert – Fallstricke, die für unserem Kulturkreis charakteristisch sind: hohe Anpassungsleistungen und eloquentes Auftreten. Als prestigebesetzte Merkmale unserer Gesellschaft werden sie überbewertet und generalisiert. Sascias angelernte Muster galten als Klugheit. Es mag zunächst ja auch nicht einleuchten, daß wißbegierige, geradezu altklug daherredende Kinder nicht auch gute Denker sein sollten.

Die Ergebnisse einer umfassenden Testdiagnostik wirken ernüchternd, doch stehen sie am Anfang helfender Korrekturen.

Zitieren wir einige Passagen aus dem Testbericht über Sascia. Durchgeführt wurde unter anderem der Kaufmann-Test (K-ABC),[5] der zwischen absoluten Fähigkeiten und erworbenen Fertigkeiten unterscheidet. Die IQ-Werte mögen hier ausgeblendet werden. Entscheidend ist der Hinweis auf Relationen der Bereiche untereinander.

»Im Gesamtmaß für Intelligenz zeigte Sascia ein Ergebnis im untersten Normbereich. Dabei ist ihre sequentiell/einzelheitliche Informationsverarbeitung insignifikant (nur wenig) stärker ausgeprägt als ihre simultan-ganzheitliche. Im separat erhobenen Bereich erworbener Fertigkeiten zeigte Sascia ein um 1,5 Standardabweichungen (also hochsignifikant) stärkeres Ergebnis, das einerseits die gute Förderung des Kindes belegt, andererseits eine sehr deutliche Überforderung annehmen läßt.«

Die Tücken einer guten Förderung

Die Kehrseite einer guten Förderung besteht darin, daß diese Kinder überschätzt werden. Mit viel Hilfe haben sie sich Fertigkeiten angeeignet, ohne zum flexiblen Transfer fähig zu sein. Die hohen Erwartungen, die sie vordergründig bei ihren Mitmenschen auslösen, werden enttäuscht.

Berücksichtigt man die im Test ausgewiesenen ausgeprägten Teilschwächen, werden Sascias mangelnde Fähigkeiten in bezug auf schulisches Lernen deutlich. In folgenden Teilbereichen erzielt sie sehr schwache Ergebnisse: »*Analytisch-zergliederndes Denken, Organisation der Wahrnehmung, räumlich-gestalthafte Fähigkeiten, visuomotorische Koordination, synthetisches und schlußfolgerndes Denken sowie visuelle Wahrnehmung abstrakter Reize*«.

Mitgefühl für die immer neuen hoffnungsvollen Versuche des Mädchens und die geradezu vorbestimmte Enttäuschung stellt sich auch beim Lesen des Testprotokolls im Continous-Performance-Test[6] ein:

»In diesem, eher auf konzentrative Höchstleistungsfähigkeit zielenden Verfahren zeigte sich ebenfalls ein auffälliger Leistungsverlauf. Während Sascia in der Trainingsphase ein völlig durchschnittliches Ergebnis erzielte, brach dieses in der eigentlichen Testphase (Dauer 8 Minuten) bis auf deutlich unterdurchschnittliche Leistungen ein. Dies ist dahingehend zu interpretieren, daß Sascia bei erlebtem Anreiz durch eine neue Anforderung durchaus gute Konzentrationsleistungen zeigen, diese aber nur für einen äußerst kurzen Zeitraum aufrecht erhalten kann.« Dieses stets sich wiederholende Wechselspiel von hoffnungsfrohem Start und Enttäuschung durchzieht die gesamte Testbeobachtung:

»In Testverfahren mit rasch wechselnden Stimuli arbeitete sie gerne und bereitwillig mit, bei allen Anforderungen an die Vigilanz wirkte Sascia ungeduldig, quengelig und begrenzt impulsiv. Insbesondere beim Rechtschreibtest zeigte sich eine ungewöhnliche Zunahme der Fehlerhäufigkeit vom ersten Drittel gegenüber den letzten beiden Dritteln.«

Sascia ist ein Mädchen, das aufgrund guter Förderung ungewollt etwas vortäuscht. Aufgrund ihrer Lebendigkeit, ihres Charmes und vor allem ihrer imponierenden Sprachmuster wird sie in der ersten Begegnung als sehr fähig eingeschätzt. Indirekt täuscht sie sich damit auch selbst. Denn die überaus lobenden Rückmeldungen erschweren ihr eine realistische Selbsteinschätzung. Diese »Erfolgserlebnisse« sind jedoch an die Stützen durch die Mutter und die Lehrerin gebunden. Fehlen diese, drohen Frustration und Demütigung. Am besten, man geht dann gar nicht mehr zur Schule. Wie sehr Sascia in neuen Situationen auf ihr bewährtes Erfolgsmuster zurückgreift, verdeutlicht die Verhaltensbeobachtung der Testerin:

»Nach eher scheuer Kontaktaufnahme stellt sich Sascia als sehr aufgeschlossen, kontaktfreudig und schwingungsfähig dar. In der Testsituation entwickelte sie rasch eine nicht unfreundliche Dominanz, mit der sie das Geschehen zu bestimmen versuchte. Bei Mißfallen von Aufgaben, Langeweile oder Überforderungsanzeichen versuchte sie durch Erzählen von Geschichten oder Quengeln abzulenken, wurde dabei unruhig und wirkte eher genervt.«

Was anfänglich also als Aufgewecktheit imponiert, ist die blanke Flucht nach vorn: Agieren, bevor sie im Reagieren versagen könnte. Als »Besiegen durch Umarmen« ist diese Strategie auch in der Erwachsenenwelt bekannt. Sascia setzt sie unbewußt, als Enttäuschungsprophylaxe, als seelische Notwehr ein.

Den sichersten Schutz bietet immer noch das »System Mama«, die hartnäckigste Trutzburg jeder Trennungsangst. Im Testprotokoll steht darüber:

»Bei beiden Terminen war es nicht möglich, die Untersuchung ohne die Mutter durchzuführen. Sascia äußerte, dann sehr gehemmt zu sein und massive Ängste zu haben, auch wenn die Mutter nur im Nachbarraum säße. Hinsichtlich ihrer Körperhaltung zeigte sie dabei ein fast demonstratives Zusammenfallen.«

Daß dieses Zusammenfallen der Körperhaltung zwar demonstrativ, letztlich aber nicht nur gespielt war, wurde im späteren Psychomotorik-Unterricht deutlich. Dort zeigen sich bei vielen Kindern rasch und unvermittelt die Diskrepanzen zwischen Wollen und Können, weshalb Beobachtungen in der Psychomotorik stets ergänzend angebracht sind. Die Fachlehrer kommen zu folgenden Feststellungen:

- *Sascia ist in der Mitarbeit sehr aufgeweckt und rege;*
- *sie nimmt aktiv am gemeinsamen Geschehen in der Gruppe teil;*
- *sie bringt eigene Ideen sehr gut mit ein.*

In der Motorik
- *ist sie ausdauerschwach;*

- *hat sie leichte Schwierigkeiten im Körperschema;*
- *ist sie etwas muskelschwach.*

Fehldiagnosen dienen der Verleugnung

Im nachhinein stellt sich die bei Sascia getroffene Diagnose »Lese-Rechtschreib-Schwäche« (LRS) zwar als falsch, aber sehr willkommen dar. Sie ist falsch, weil Sascia in allen Unterbereichen der Testdurchführung gleichbleibend niedrige Werte erreicht. Die Rechtschreibprobleme entsprechen diesem niedrigen Niveau und stellen keine isolierte Problematik dar. Willkommen war die Diagnose, weil sich mit ihr die Ausfälle im Schriftsprachlichen erklären ließen, ohne das Gesamtleistungsniveau des Mädchens in Frage zu stellen. Sie diente also – natürlich unbewußt – der Aufrechterhaltung der Täuschung. Und – sie war willkommen, weil LRS als Teilstörung gilt und die Hoffnung auf Förderprogramme impliziert, mit denen sie »wegzuüben« ist. Einer LRS ihres Kindes müssen Eltern nicht gekränkt und ohnmächtig gegenüberstehen. Man kann etwas dagegen tun – fördern, therapieren, üben. Bei einer Erfolglosigkeit muß schlimmstenfalls die »Faulheit« der Kinder, die »Unfähigkeit« der Therapeuten und Pädagogen beklagt werden – aber nicht die Familie – weder deren Struktur, noch deren genetische Substanz.

Ehrgeiz und neurotische Beziehungsmuster

Bleiben wir noch bei Sascia, um auf einen weiteren Aspekt hinzuweisen, der zur schulischen Überforderung führen und losgelöst von einer Minderbegabung auftreten kann. In Sascias Fall kam er erschwerend und symptomverhärtend hinzu und weist auf die Verwobenheit hin, mit der manchmal Schulangst mit Trennungsangst (Schulphobie) einhergehen kann. In der Schlußbemerkung ihres Testberichts erwähnt die Untersucherin, daß sie nicht nur Sascias Ängstlichkeit wahrnahm, sondern auch ihr Dominanzstreben.

»Hinsichtlich des auffälligen, keineswegs altersadäquaten Trennungsverhaltens des Kindes in der Testsituation bleibt unklar, ob hier echte Ängstlichkeit oder eher Dominanzstreben bei fraglich überprotektiver Erziehungshaltung der Eltern ursächlich sind.«

Damit soll der Teil von Sascias Problemen benannt werden, der weniger in Zahlen meßbar ist. Es gilt, die Dynamik einer Beziehungskonstellation zu sehen und zu würdigen. Solche Sichtweise bleibt spekulativ, weil nicht eindeutig beweisbar, doch sie muß nicht weniger wahr sein.

Mitunter stellt sich eine Problematik gleich im Erstgespräch mit so vielen Facetten dar, daß das Ursachengeflecht wie ein Mikrokosmos unter dem Brennglas pädagogischer und psychologischer Beobachtung zu sehen ist. Darin liegen auch erste Hinweise auf Korrekturmöglichkeiten und Therapieansätze. Dem Beobachter drängten sich im Erstkontakt mit Sascia solche Schlüsselszenen auf. Sie kam verschüchtert und an ihre Mutter geklammert zur Vorstellung in die Schule für Kranke, wie die Klinikschule offiziell heißt. Während dieser Begegnung tauschten Mutter und Tochter mehrfach die Rollen. Zuerst beruhigte die Mutter die Tochter, sie brauche keine Angst vor der neuen Schule, dem Gebäude, den Lehrern zu haben. Kurz darauf tröstete Sascia ihre Mutter. Denn als diese zu weinen begann, weil die Tochter »trotz so viel Förderung so unglücklich« wirke, beschwichtigte Sascia: »Mama, mach dir keine Sorgen. Ich schaffe das schon!« Von einer Aufnahme in die Klinikschule erhofften sich beide eine Entlastung hinsichtlich der Anforderungen. Zugleich aber mahnten sie an, es müsse auch gezielt gefördert werden. Außerdem wolle Sascia am liebsten lange Diktate schreiben.

Die nächste zwiespältige Botschaft kam, als die Mutter zwischendurch Unterlagen im Sekretariat abgab und Sascia für einen Moment allein im Gesprächzimmer verblieb. In altkluger Weise und in überraschend festem Ton ließ sie ihre Gesprächspartner wissen, daß sich die Mama immer so aufrege wegen ihr. Am liebsten würde sie ja immer gute Noten nach Hause bringen wollen, »damit die Mama glücklich ist.« Doch die häuslichen Übungsstunden gingen ihr auf den Wecker, »aber die Mama will ja mein Bestes, daß ich später mal einen guten Beruf kriege.«

Als Sascia das Untersuchungszimmer zwischendurch zum Toilettengang verläßt, hören die Anwesenden in einem unerwartet abgeklärten Ton von der Mutter, daß sie ihre Tochter intellektuell doch für recht begrenzt halte. Deshalb müsse sie viel üben. Mit der alten Lehrerin habe sie das prima hingekriegt. Sascia habe ihre Defizite dort kaum spüren müssen. Ihre Tochter sei auch stets kränkelnd gewesen. Als Spätgebärende mache sie sich Vorwürfe, ob sie das Kind unzureichend ausgerüstet in die Welt gesetzt habe. Dabei kommen ihr wieder Tränen.

Im Erstgespräch wird deutlich, daß hier eine Doppelbödigkeit gelebt wird. Das falsche Spiel kaschiert sich mit Liebe und gegenseitiger Fürsorge und läßt keine Echtheit der Wahrnehmung und Abgrenzung der Personen zu. Eltern und Kind machen sich gegenseitig etwas vor. In bester Absicht, einander zu schonen, machen sie sich gegenseitig das Leben schwer. Es ist eine Situation, wie sie ähnlich anrührend und zugleich paradox bei lebensbedrohlich erkrankten Kindern angetroffen werden kann. Eltern verbreiten eine Kopf-hoch-Atmosphäre, geben sich demonstrativ optimistisch, weil sie glauben, dem Kind die Wahrheit nicht zumuten zu dürfen. Das um seine Krankheit wissende Kind seinerseits mimt Unbekümmertheit, weil es glaubt, den Eltern die Wahrheit nicht zumuten zu dürfen. Manchmal gelingt es beiden Seiten, auch noch einen Dritten bestätigend in dieses Spiel der falschen Botschaften einzubeziehen.

Sascias erste Lehrerin ließ sich in solch eine Dynamik verwickeln. Anstatt als neutrale Dritte relativierende Töne hineinzubringen, geriet die Schule quasi zur Erweiterung des elterlichen Milieus. Alles um Sascia herum wurde möglichst so arrangiert, daß sie ihre Defizite nicht spüren sollte, statt dessen sogar das Bild einer guten Schülerin rückgemeldet bekam. In den ersten Stunden in der Klinikschule war also schon zu spüren, wie der Köder zu dieser Falle gleich wieder für die neue Lehrperson ausgelegt wurde.

Pädagogen, die in solche Fallen hineingeraten, kommen nur schwer wieder heraus. Denn haben sie sich erst einmal auf diesen Stellvertreter-Schauplatz begeben, wird die Situation irrational. Die Themen kreisen nun ständig um Schule. Doch es geht um etwas ganz anderes, von dem abgelenkt werden soll. Im vorliegenden Fall waren es Schuldgefühle der Eltern wegen der späten Elternschaft. Auch Konflikte der Paarbeziehung flossen hinein. Immerhin hatte der gut verdienende Vater seine Ehefrau von der »Fron des Gelderwerbs freigestellt«, damit sie sich nur um die Erziehung der Tochter kümmern konnte. Diese Aufgabe schien die Mutter nur unzureichend zu erfüllen. Ihr Werk war nicht erfolgsgekrönt. Mit keiner Silbe durfte bislang thematisiert werden, daß das neue Lebenskonzept für die beruflich hochqualifizierte und erfolgreiche Frau möglicherweise auch konfliktreich war. Zu ihrer Entlastung gab sie diesen Druck an die Lehrerin weiter. »Die hat schließlich Kindererziehung studiert.« Die Lehrerin spürte, wie bedeutsam Sascias Lernerfolge für das Ehepaar waren, und ließ sich von der Erwartung hohen Lobs unbewußt locken, so als lasse die Mutter sie an der Anerkennung durch ihren Ehemann teilhaben: »Gut gemacht, ihr Frauen!« Mit kleinen Aufmerksamkeiten wie Kuchenbacken fürs Schulfest und Aufsichtshilfen bei Klassenfahrten bestätigte die Mutter ihre identifikatorische Zugehörigkeit zum Schulbetrieb permanent. Das brachte ihr soziale Anerkennung. Die Lehrerin wiederum bezog berufliche und narzißtische Befriedigung aus der Tatsache, von so engagierten und angesehenen Eltern Vertrautheit und Rückendeckung zu erfahren.

Was auf den ersten Blick wie der Idealfall schulischer und elterlicher Zusammenarbeit aussieht, ist mitunter tückisch. Wenn die normale Trennschärfe zwischen Elternhaus und Schule verschwimmt, wird psychodynamisch wichtiges Entwicklungskapital für die Kinder verschenkt. Sie bleiben in einer Zweierbeziehung: Schüler hier, Eltern und Lehrer dort. Es wird die Chance vertan, die Schule als »den Dritten« eines neuen, erweiterten Beziehungsgeflechts zu entdecken, sich daran zu reiben, abzugrenzen und aufzubauen.

Gelingt diese Dreieck-Beziehung nicht, gehen die Konflikte des Kindes in dem einen System direkt in das andere über. Das heißt, in der Schule werden Konflikte abgehandelt, die eigentlich dem Elternhaus gelten. Sascia spürte, daß sie der Mutter keine guten Gefühle machen konnte, ihr nicht zum Gelingen ihres Lebenswerks – und damit auch zur Anerkennung durch den Vater – verhalf. Dazu hätte sie in der Schule besser sein müssen. Sie selbst hätte ja mit den Schulproblemen leben können, doch der Mama war das nicht zuzumuten. Mit diesen zweifachen Lebensaufträgen im Ranzen knicken Kinder auf dem Schulweg ein. Die Bildungseinrichtung wird zum Schauplatz familiären Unglücks. Und da soll man jeden Morgen hingehen?

3. »Die machen mich fertig« – Soziale Ängste und Mobbing in der Schule

In der Kinder- und Jugendpsychiatrie werden zuweilen schulängstliche Kinder vorgestellt, deren einziger »Fehler« – so könnte man überspitzt formulieren – es ist, zu gut erzogen zu sein. Unter den Psychiatriepatienten mit der Diagnose Schulangst befinden sich heute auch solche Jugendliche, die vor ca. 30 Jahren als gut integrierte Schülerpersönlichkeiten und nicht entfernt auffällig gegolten hätten. Ihre Interessen und Neigungen wären sozial anerkannt gewesen. Sie, die heute die Schule aus Angst meiden, wären gern dorthin gegangen, hätten prestigeträchtige Rückmeldungen erfahren. Aber heute gelten sie mit ihrem Verhalten und ihren Interessen als vollständig »out«. Als Außenseiter, »Typen von Gestern« müssen sie manchen Spott der Gleichaltrigen ertragen. Erst recht, wenn sich ihr old-fashioned-Sein auch noch in ihrer Mode äußert.

Martin – zu wohlerzogen

Der 14jährige Martin verweigerte zwei Wochen vor den Osterferien den Schulbesuch. Er war gewiß kein Streuner, dennoch zog er morgens durch die Kaufhäuser und ließ die Eltern im Glauben, er sei in der Schule. Die Lehrer hatten keine Erklärung für sein Fehlen. Weder habe es Anhaltspunkte von Streit unter den Mitschülern gegeben, noch stand eine besondere Prüfsituation an. Allerdings habe man sich gewundert, daß der ansonsten eher gehemmt wirkende Junge von einer anstehenden Italienfahrt mit Freunden gesprochen habe. Eher habe man bei ihm einen gemeinsamen Urlaub mit den Eltern vermutet.

Die Eltern – beim Nachfragen wegen seines Fehlens darauf angesprochen – zeigten sich erstaunt über diese Interpretation der bevorstehenden Osterferienfahrt: Martin fahre mit der Meßdienergruppe seiner Pfarre nach Rom. Den Lehrern fiel wieder ein, daß Martins Zugehörigkeit zu den Meßdienern von ihm vor der Klasse heftig tabuisiert wurde. Der Klassenlehrer entsann sich, daß der Junge nach dem Aufnahmegespräch, in dem die Eltern über das Freizeitverhalten ihres Sohnes berichtet hatten, den Lehrer bat, »das mit den Meßdienern zu vergessen«. Vor allem sollte die Klasse keine Kenntnis davon bekommen. Das erschien ihm ebenso schambesetzt wie sein Klavierunterricht, auf den er – was als Lob gedacht war – von einem Lehrer einmal vor versammelter Klasse angesprochen wurde. Martin spürte, daß zwischen den Wertvorstellungen seiner Familie und dem, was er von Klassenkameraden so als »life-style« mitbekam, Welten lagen. Mit dem Gang zur Schule mußte er jeden Tag zwischen diesen pendeln. Eine hohe Anforderung!

Nach den Osterferien erschien Martin wieder zum Unterricht. Er sei vorher zwei Wochen krank gewesen, erklärte er der Klasse, aber noch rechtzeitig gesund geworden, um anschließend »sechs Tage lang die Discotheken Roms unsicher zu machen«. Martin erzählte von Lasershows und Mädchen, von Pasta und Campari, aber natürlich nichts von der Gruppenaudienz im Vatikan. Schnell gab er das Wort an die anderen Klassenkameraden weiter, damit die von ihren Ferien berichten sollten. Rückfragen hätten peinliches Verplappern provozieren können.

Martin gehörte zu einem Schülertyp, wie ihn Erich Kästner mit jenem Obertertianer im Jugendbuch »Das fliegende Klassenzimmer« schildert. Sie fühlen sich als Gefangene ihrer eingeübten Konventionen und merken, daß ihre Höflichkeitsformen zwar gut bei den Großeltern ankommen, daß sie ihnen bei Gleichaltrigen jedoch nur Hohn und Spott einbringen. Schwierig wird es, wenn sie obendrein noch gute Noten schreiben. Dann werden sie schnell als »Schleimer« fertig gemacht.

Martin war kein guter Schüler. Doch die Tatsache, daß er niemals Jeans, sondern betont nur »Stoffhosen« trug, dazu die bei Schulfesten angelegte »Club-Jacke«, ließen ihn überzeugt sein, auf die Klassenkameraden als Streber zu wirken. Um dem braven Image entgegenzuwirken, ließ er sich dann zunehmend gefährlichere Aktionen einfallen. Das ging über das Aufschneiden bei Ferienfahrten hinaus. Gegenüber Lehrern brachen bei ihm zunehmend Unverschämtheiten durch. Die Einträge ins Klassenbuch nahm Martin scheinbar ungerührt in Kauf, gelang ihm damit doch ein viel bedeutsamerer Effekt: Er gewann den Beifall der Klasse. Nach Schulschluß beging er einmal einen Ladendiebstahl mit der Begründung, er wolle »auch mal cool sein«.

Glücklicherweise war Martin reflexionsfähig genug, um in einer Therapie die hier angedeuteten Zusammenhänge erkennen zu können. Mit Hilfe des Therapeuten und nach vielen Berg- und Talfahrten, die vor allem die Schule aushalten mußte, fand er allmählich adäquate Inhalte, mit denen er sich von zu Hause abgrenzen und bei den Kameraden ankommen konnte, ohne den Preis selbstzerstörerischer Dissozialität dafür zu zahlen. Er schwenkte beispielsweise vom Klavier- aufs Keyboardspielen um, suchte Anschluß an eine Band (war dafür allerdings musikalisch zu unbeweglich). Erfolgreich war er – auch aufgrund der Körperlänge – im Basketball. Dessen Umfeld verschaffte ihm Anerkennung von Jungen aus der Hip-Hop-Szene, nun aber durch sein reales Können begründet.

Martins Beispiel macht deutlich, wie wichtig es Kindern und Jugendlichen ist, von der Gruppe der Gleichaltrigen anerkannt zu werden, und wie sehr es ihnen zu schaffen macht, wenn sie die Diskrepanz zwischen den Gepflogenheiten und Werten des Elternhauses und denen der Gruppe verspüren. Dabei kommt es gar nicht so sehr auf die objektiv feststellbaren Unterschiede an, sondern darauf, wie Kinder sie erleben.

Ein derzeit häufig benutztes Wort unter Schülern ist »voll peinlich«. Damit charakterisieren sie alle jene Verhaltensweisen, Formen, auch Kleidung, Musikrichtungen und Werte, von denen sie wissen, daß die Gleichaltrigen sich darüber lustig machen. Manche Schüler möchten partout verhindern, daß ihre Eltern in der Schule erscheinen, weil sie glauben, daß sie auf die anderen doch »voll peinlich« wirken müßten. Manche Einladung zur Schulpflegschaft erreicht aus diesen Gründen nicht die Adressaten. Es wird geschwindelt und »unterschlagen«. Und so wie im Fall von Martin sind dann die Grenzen fließend, wo ein Kind zwischen ängstlicher Vermeidungshaltung und frechen Unverschämtheiten reagieren kann.

Lehrer, die nicht nur pädagogisch handeln, sondern auch psychologisch sehen können, werden unterscheiden, ob die »kriminellen Taten« Ausdruck von Dissozialität und Verwahrlosung sind oder ob hinter der Keßheit nicht eher eine Neuauflage von Kästners »fliegendem Klassenzimmer« steckt. Im letztgenannten Fall läßt sich mit Gesprächen in der Schule schon vieles klären und an Schärfe herausnehmen.

Eltern sollten auch nicht gleich an eine entgleisende Erziehung denken, wenn Jungen wie Martin »auch mal cool sein« wollen. Großspuriges Gerede und ein Loblied auf die Faulheit gehören in Schulhofgesprächen unter Jugendlichen zum Ritual, um nur ja nicht als Streber dazustehen. Natürlich hat – wenn man ihnen zuhört – nie jemand etwas für die Klassenarbeit getan. Man fragt sich, warum immer wieder auch etliche gute Noten dabei herauskommen. Kurzum: der Anstand, der unter Erwachsenen und vor allem für die frühere Generation gilt, ist nicht Meßlatte in Klassengemeinschaften. Ein Kind muß sich hier von zu Hause abgrenzen dürfen. Andernfalls bekommt es in der Schule Probleme – oder es bereitet Probleme: Die einen werden »künstlich frech«, die anderen verweigern ängstlich.

Zu gutmütig für die Welt

Neben den »zu wohlerzogenen«, die sich ja mehr durch ihre Umgangsformen oder Kleidung outen, gibt es noch die Kinder, die schlichtweg »zu gutmütig für diese Welt« sind. Sie sind unter den schulängstlichen Kindern besonders traurige Fälle. Ihnen steht nicht einmal – wie bei Martin – die Gegenwehr durch Aufschneiden oder Frechheit zur Verfügung. Sie sind so arglos, so aggressionslos, daß sie Opfer der Mitschüler werden können. Meist sind sie fair erzogen und wollen selbst auch fair zu allen anderen sein. Sie verstehen dann die Welt nicht mehr, daß das nicht überall ankommt und gewürdigt wird.

Diesen Kindern ist nicht geholfen, indem man sie zu mehr Robustheit animiert – die bringen sie nicht, es sei denn im affektiven Durchbruch, als Rundumschlag, der im nächsten Moment wieder schuldbeladen ängstigt. Es heißt nicht, der Resignation das Wort reden, wenn Erwachsene mit diesen Kindern die Situation zunächst einmal gemeinsam betrauern. »Es ist einfach schlimm, daß es in der Welt und in deiner Schule nicht friedlicher zugehen kann.« So etwas darf gesagt werden. Es darf aber auch betont werden, daß es naiv ist zu glauben, mit »lieb sein« sei es in der Welt schon getan. Hier muß noch eine Lebensleistung erfolgen. Die ist anstrengend, die ängstigt auch, aber bei der kann dem Kind auch geholfen werden.

Hilfreich ist es, wenn Lehrer und Eltern sich mit darum kümmern, daß solche Kinder wenigstens einen halbwegs gleichgesinnten Klassenkameraden finden können. Nur nicht völlig isoliert und ohnmächtig vor der Schule stehen! Hier darf als Startschub von den Erwachsenen zunächst kräftig mitgeholfen werden. Es ist einer der Fälle, in denen Eltern sich animiert fühlen sollten, ihr Kind auch einmal zu Freunden zu fahren oder mit irgendeiner Attraktivität einen Klassenkameraden ins eigene Haus zu locken. Lehrer können helfen, indem sie für die Teilnahme an schulischen Gemeinschaften wie Foto- oder Computer-AG werben. Die Wertschätzung über die Sache kann manch zartem Pflänzchen helfen, Kontakt zu Gleichaltrigen zu wahren und robuster im Umgang mit ihnen zu werden. Solange der Kontakt nicht abbricht, besteht die Chance, andere Umgangsformen auch durchs Abgucken kennenzulernen.

Wenn die Schüler älter werden, können sie ihre empfundene Verletzbarkeit mitunter auch kreativ bewältigen. Vielen Künstlerseelen mag es ähnlich wie ihnen ergangen sein. Lehrer können in Fächern wie Deutsch, Kunst, Musik durch geschickte Themenauswahl manch stillen Impuls über die Kulturgüter Sprache, Musik, Malerei geben. Unter diesem Aspekt sei hier auf den Herrmann Hesse-Textauszug im Kapitel Schulphobie »Schulwege als Brücken zu Neuem« verwiesen. Auch die Identifikation mit literarisch vorgegebenen Personen (und deren Bewältigungsversuchen) kann Kindern das Gefühl geben, nicht ganz allein mit ihrer Sorge zu sein. Das ist dann noch keine Problemlösung, aber schon einmal ein tröstlicher Wink.

Gewalt auf dem Schulhof

Viele sehen im folgenden Problemkomplex die Schulangst von Kindern begründet. Es geht um die Brutalität, die in den Schulen und auch auf dem Weg dorthin Einzug gehalten hat. Man muß keine Boulevardzeitungen heranziehen, um Schlagzeilen wie diese zu finden: »Mehr junge Leute straffällig.« »Beim nächsten Mal mach' ich dich tot.« »Heranwachsende erpressen Altersgenossen.« »Abzocke auf dem Schulhof.« Solche Überschriften bringen inzwischen die Tageszeitungen vor allem in den Großstädten in regelmäßigen Abständen. Wenngleich die seriöse Presse stets Hintergründe, relativierende Analysen und Differenzierungen hinterherschickt, so trifft die plakative Sprache doch genau das, was im Umfeld von Schulen wahrgenommen wird. Korrekterweise sollte gesagt werden: was *auch* wahrgenommen wird. Denn daß der größte Teil des Schülerdaseins in friedlichen Bahnen verläuft, ist ebenfalls Tatsache.

Vielleicht verhält es sich so wie mit dem öffentlichen Personenverkehr. Die meisten Fahrten laufen ohne Störung. Doch wer einmal erlebte, wie eine Straßenbahn von Fußballhooligans gestürmt wurde, der wird sich beim nächsten Mal mit Beklemmung auf den Weg machen. Schlimmstenfalls meidet er die Bahn ganz, oder er steigt aufs Auto um. Schulängstliche Kinder können nicht umsteigen. Für sie besteht Schulpflicht. Ein Wechsel von der öffentlichen Schule zum privaten Hauslehrer ist – außer bei bestimmten Krankheiten – nicht gestattet. Manche haben so traumatisierende, so brutale Erfahrungen in oder auf dem Weg zur Schule gemacht, daß sie sogar Krankheiten in Kauf nehmen würden, um nur ja nicht mehr dorthin zu müssen. »Da kriegen mich keine zehn Pferde mehr hin«, sagte ein Zwölfjähriger, der auf dem Schulweg beraubt und in einen Müllcontainer geworfen worden war. Er hätte zu Hause Schläge, Schuldgefühle oder auch Ordnungsstrafen gegen die Eltern wegen Schulpflichtversäumnis in Kauf genommen, doch zur Stätte seines Martyriums wäre er nicht mehr gegangen.

Dieses Thema braucht hier nicht ausführlicher behandelt zu werden, weil es in Fällen nackter Gewalt nichts zu verhandeln, zu diskutieren oder zu psychologisieren gibt. Das kann alles später, unter Einsatz helfender Fachleute geschehen. Für das Kind gilt nur: damit muß Schluß sein, und zwar sofort. Das Schlimme an der Gewalterfahrung ist ja nicht allein das geraubte Geld oder die geraubte Modejacke. Furchtbarer als der materielle Schaden ist das Erlebnis von Schutzlosigkeit, von Ausgeliefertsein, das Gefühl der Ohnmacht. Das lähmt und erstickt jede Lebensfreude. Diese Erfahrung machen nicht nur Kinder. Auch Experten, die Ratgeber zum Thema Angst schreiben, sind mit ihrem Wissen am Ende, wenn sie mit einer gewaltbereiten Hooligangruppe konfrontiert würden. In dieser Situation hilft nur – wenn man noch kann – weglaufen. So sinnlos es wäre, hier zu verhandeln oder den Helden zu spielen, so unsinnig sind Appelle an das Kind, sich zu wehren, sich nicht alles gefallen zu lassen. Wenn sozialpädagogische, politische und polizeiliche Maßnahmen nicht greifen, wenn die Gefahr nicht deutlich auszuschalten ist, wenn eine Gang, eine Bande langanhaltend den Ton in einer Schule angibt, in einem Viertel, bleibt nur noch das »Umsteigen«, der Schulwechsel, im Extremfall sogar der Wohnortswechsel.

Solch düstere Szenarien gibt es. Doch sie sind äußerst selten, und es läßt sich noch einiges machen, was Kindern helfen kann, mit der heute zweifellos rauhen Schulwirklichkeit zurechtzukommen.

Der erste Tip heißt: Genau hinsehen! Mit Kindern sollte die angstauslösende Situation besprochen werden: »Galt das wirklich dir? Glaubst du, daß man es speziell auf dich abgesehen hatte? Könnten nicht auch andere gemeint gewesen sein, und du bist da eher zufällig hineingeraten?« Dieses Fragen geschieht auf dem Hintergrund, daß Kinder manchmal Probleme mit der sozialen Wahrnehmung haben. Sie stellen einen Ich-Bezug her, wo es keinen gibt. Wenn beispielsweise beim Gedränge am Schultor mehr oder weniger alle Kinder kleine Ellenbogenstöße abfangen, sehen manche darin einen gezielten Angriff auf sich. Die einen »wehren« sich dann aggressiv, andere fühlen sich ängstlich bedroht. In beiden Fällen liegt eine folgenreiche Fehlinterpretation der Situation zugrunde.

Die wirkt auch mit, wenn Kinder immer wieder »ins Zentrum des Sturms« geraten. Soziale Wahrnehmungsmängel lassen sie die Gegebenheiten falsch einschätzen. Es gilt einen Selbstschutz zu entwickeln, der verhindert, daß wir uns wie Mücken immer wieder die Flügel an der Kerzenflamme verbrennen.

Die Fähigkeit zur richtigen sozialen Einschätzung wird gewaltsame Aktionen nicht harmloser machen, aber sie mindern die Gefahr, ungewollt einbezogen zu werden. Solange ein Kind Vermeidungsstrategien umsetzen kann, muß es nicht ohnmächtig sein. Kinder, die beispielsweise vor raufenden Gruppen im Schulbus oder in der Straßenbahn Angst haben, können sich im vorderen Wagenteil, nahe dem Fahrer, in der Regel sicherer fühlen. Ältere ängstliche Kinder könnten gegebenenfalls aufs Fahrrad umsteigen, wenn sie sich den Rangeleien an den Haltestellen nicht gewachsen fühlen. Das Motto heißt in jedem Fall: aktiv bleiben, hinschauen, Vorboten der Gefahr sehen. Es ist keine Feigheit, wenn mit diesen Kindern auch Vermeidungsstrategien für das Schulhofleben erarbeitet werden. Das soll nicht heißen, tatenlos herumzustehen, sondern Nischen zu finden, in denen es weniger schlimm zugeht. Meist lassen sich auch im schwierigen Umfeld kleine Inseln der Fairneß ausmachen.

Hilfreich ist auch die Frage, wie andere wohl die Probleme aushalten oder umgehen. Findet sich wenigstens ein Mitschüler, dem es vielleicht ähnlich ergeht, mit dem man sich zusammenschließen könnte? Mit diesem könnten gemeinsame Aktivitäten oder Wege erprobt werden. Je schwieriger das Umfeld ist, desto wichtiger ist es, positive Inseln der Fairneß zu entdecken und diese schützend für sich zu nutzen. Kindern ergeht es damit nicht anders als Erwachsenen.

4. »Was kann ich gegen euch tun?«
Ängste und Störungen im Lehrer-Schüler-Verhältnis

»›Ich kann mich erinnern‹, sagte er später, ›daß ich in der Schule nie zurechtkam. Ich war immer der Letzte in der Klasse. Ich hatte immer das Gefühl, daß mein Lehrer mich nicht mochte und daß mein Vater meinte, ich sei dumm.‹ Drei Monate ging das so. Da nannte ihn der Lehrer vor der ganzen Klasse einen Hohlkopf. Den Achtjährigen traf das so sehr, daß er spontan den Unterrichtsraum verließ, schnurstracks zu seiner Mutter nach Hause lief und erklärte, nie wieder in die Schule zurückzukehren. Er hat sein Wort gehalten, und obgleich er nicht nur in seine Dorfschule nicht zurückging, sondern auch niemals irgendeine andere Schule oder ein Kolleg oder gar eine Universität besucht hat, wurde er einer der genialsten Erfinder der Welt: Thomas Alva Edison.«[7]

Man mag sich nicht ausdenken, was die herablassende Wertung des Lehrers angerichtet hätte, wäre der kleine Thomas nicht trotzig seinen Weg gegangen – ohne Schule.

Lehrer als Zyniker

In der Tat ist es schaurig, sich auszumalen, wie viele Edisons durch unsensible Lehrer der Welt vorenthalten sein mögen. Wer weiß, auf welche Nobelpreisträger die Menschheit deswegen verzichten muß. Doch – Phantasie beiseite – wir wollen dem Lehrerstand nicht allzu spekulative Schuldgefühle aufbürden. Unterstellen wir einmal, daß kleine Genies sich zu allen Zeiten trotz böser Lehrer durchsetzen.

Aber was ist mit den vielen, die nicht Edison heißen? Was machen die Boshaftigkeiten vom Lehrerpult mit den Genies der dritten und vierten Reihe? Zweifelsohne muß die Lehrerschaft als ganze heftig gegen die Unterstellung verteidigt werden, sie würde die Schüler fertig machen wollen. Hinter uns liegt in Wahrheit ein revolutionärer Wandel hin zum partnerschaftlichen, fördernden, engagierten Pädagogen. Beschränken wir uns auf die schwarzen Schafe. Auch im Jahrhundert nach der »Feuerzangenbowle« gibt es noch Zyniker in der Pädagogenzunft.[8] Halten wir ihnen zugute, daß es möglicherweise reine Notwehr ist, die sie so werden läßt. Selbst wenn wir ihnen Verständnis entgegenbringen, wie sie womöglich gestreßt und selbst hart attackiert aus einer Oberstufenklasse kommen mögen und anschließend in der »Fünf« einen Neuling fertig machen, können wir das auf keinen Fall akzeptieren. Sich zu steuern und zu disziplinieren gehört zu den Verpflichtungen des Lehrerberufs. Auch Polizisten dürfen sich bei eskalierenden Demonstrationen nicht von provozierten Affekten leiten lassen.

Erschwerend ist es für Lehrer in Konfliktlagen, daß sie in der

Regel »Alleinunterhalter« sind. Zum einen fangen sie die ganze Bandbreite von Ärger und Provokation ab, zum anderen unterliegen sie als Solisten kaum der kollegialen Kontrolle. Ist die Klassentür zugeschlagen, sind sie Alleinherrscher – oder auch Opfer. In jedem Fall verlangt eine solche Situation eine hohe Selbstkontrolle. Die wird hinsichtlich Gestik, Mimik und Wortwahl erwartet, auch hinsichtlich diverser Späße. »Du bist dümmer als ein Regenwurm« war mal als witzige Kommentierung eines Lehrers gegenüber einer Zwölfjährigen gedacht. Er wollte sie damit motivieren. Das krasse Gegenteil war die Wirkung. Das Mädchen fühlte sich tief gekränkt und verweigerte am Tag darauf den Schulbesuch. Gottlob konnten hier Ursache und Wirkung angesprochen und bald aufgeklärt werden. Das Mädchen kam zurück, und es tat dem Lehrer leid, als er hörte, was er mit seinem »Witz« angerichtet hatte. Wenn sich Fehlgriffe in der Wortwahl als mißlungene Scherze klären lassen, sind auch Verhaltenskorrekturen beim Lehrer zu erwarten. Anders ist das aber bei Zynikern.

Vielfältig sind die Gründe, die Pädagogen zynisch werden lassen. Das mögen persönliche Belastungen, Überforderung, enttäuschte Berufsperspektiven oder die Kränkung sein, als qualifizierter Wissenschaftler sich mit unaufmerksamen Kindern herumschlagen zu müssen. Wie auch immer – Zyniker gehören nicht in die Schule. Nur: man wird sie dort schlecht los. Haben sie sich in einem Kollegium erst einmal etabliert, ist es schwer, sie zu vertreiben. Dienstrechtliche und disziplinarische Maßnahmen greifen nicht, wenn den Pädagogen nichts Konkretes nachzuweisen ist. Und das ist es selten, handelt es sich bei ihnen doch um eine Haltung, um einen Charakterzug, der nur schwer objektiv auszumachen ist. Natürlich ist auch hier zunächst das Gespräch zu suchen, erst mit dem betreffenden Lehrer, auch mit der Schulleitung. Nicht selten ist dann zu hören, daß auch das Kollegium und die Leitung die Probleme sehen. »Da kann man schlecht was machen«, heißt es achselzuckend.

In solch hartnäckigen Fällen – sie sind zum Glück wirklich selten – hilft nur eins: Weg von hier! Damit soll nicht der Resignation das Wort geredet werden. Aber es gilt, die Machtverhältnisse (nur in diesem Negativbeispiel sei das Wort als pädagogische Situationsbeschreibung gestattet) klar zu sehen. Selbstverständlich kann die Beschwerde weitergehen bis zur obersten Schulaufsicht.

Doch die Wege dahin und erst recht die Entscheidungen von dort sind lang. Für das betreffende Kind kann die Zeit zum Martyrium werden. Oftmals kann nach einem Gespräch mit der Schulleitung ein Wechsel in eine Parallelklasse vollzogen werden. Manchmal löst das schon die Probleme. Ist diese Möglichkeit nicht gegeben, hilft nur ein Schulwechsel. Dies ist eine gewisse Kapitulation, und wir empfehlen diese Maßnahme bei allen in diesem Buch vorgestellten Schulproblemen ausdrücklich nur an dieser Stelle. Aber hier hat der Schutz des Kindes Vorrang vor weiteren Herabwürdigungen, vor juristischen Machtdemonstrationen, vor Imagefragen bezüglich der neuen Schule oder vor dem möglicherweise längeren Schulweg.

Nicht alle Kinder tun sich gleichermaßen mit zynischen Lehrern schwer. Manche halten sehr robust dagegen. Andere lassen es fatalistisch über sich ergehen, andere fühlen sich eher »sportlich« herausgefordert. Womöglich mögen manche Eltern darin sogar eine Vorübung für die »rauhe Wirklichkeit nach der Schule« sehen, aber kindgemäß und kreativitätsfördernd ist das nicht.

Es geht nicht darum, Kinder in Watte zu packen. Sie sollen durchaus lernen, einmal etwas wegzustecken. Meist können sie das. Stellt sich ein Lehrer der Klasse beispielsweise mit der Floskel vor »Was kann ich gegen euch tun?« unterscheiden Schüler sehr gut, ob das mit Augenzwinkern geschieht oder ob es eine diffamierende Kampfansage ist. Insofern empfiehlt sich beim ängstlichen Kind auch der Blick zu den Klassenkameraden, wie diese mit dem provokanten Lehrerverhalten umgehen. Bevor der Ruf nach einem Disziplinarverfahren laut wird, sollten die Eltern überdenken, welche Abwehrstrategien ihrem Kind zur Verfügung stehen und wo es »nachzurüsten« gilt.

Beleidigungen und Ehrverletzungen müssen Kinder nicht einstecken lernen. Hier gilt es – wie gesagt – die böse Erfahrung zu meiden. Das heißt notfalls weggehen. Kommt es wirklich so geballt, hilft es dem Kind, wenn Eltern das erlebte Unrecht mit ihm betrauern. Auch Wut und Rachephantasien dürfen zugelassen werden. Papa und Mama dürfen ruhig zu erkennen geben, daß ihr »Heldentum« angesichts von Unverfrorenheit auch endet. Wenig hilfreich, sogar kontraproduktiv ist der pauschale Appell »Wehr dich!«, denn wer kann es schon mit solch einer Übermacht aufnehmen?

Wichtig ist es, nicht in der Ohnmacht steckenzubleiben, handlungsfähig zu bleiben, und sei es durch Weggehen. Permanente Gemeinheiten muß man nicht aushalten lernen.

Destruktive Pädagogen wirken auf Kinder deshalb so verheerend, weil sie die gute Bindungsbereitschaft der meisten Kinder eiskalt abschmettern. Auch die Bereitschaft, Lehrerin und Lehrer Vertrauen entgegenzubringen wird hinterhältig enttäuscht. Am wenigsten wird dies die Kinder ängstigen, die das von zu Hause her kennen. Heruntergemacht werden ist auch für sie nicht schön, doch es ist ihnen vertraut. Für sie ist damit aber die Chance vertan, diese bittere Erfahrung am Lebensschauplatz Schule zu korrigieren. Ängstigen wird pädagogischer Zynismus vor allem die Kinder, die eine faire und wertschätzende Erzieherhaltung von zu Hause her kennen. Sie sind ganz ohne Argwohn, so daß sie sich pädagogische Gemeinheiten überhaupt nicht vorstellen können. Sie glauben zunächst in der Tat, mit ihnen selbst stimme etwas nicht, sie ließen sich etwas zuschulden kommen. Solche Kinder verlieren das Vertrauen in ihre eigenen Wahrnehmungen, sie sind irritiert, sie bekommen Angst. Schließlich meiden sie den angstauslösenden Ort.

In seltenen Fällen können Herablassung, Entwertung und Sarkasmus die Atmosphäre einer Schule unterkriechen. Das Klima als Ganzes ist vergiftet. Manche Eltern aus den früheren Generationen befällt heute noch ein Unbehagen, wenn sie ihre alte Lehranstalt wiedersehen. Der Bau steht für die Zeit ihrer Ängste, Ohnmacht und Entwürdigung. Glücklicherweise räumen heute die größere Transparenz sowie Einflußnahme der Schulmitwirkungsorgane solch unpädagogischen Systemen keine lange Überlebensdauer ein. Doch bis das Giftklima sich zusammenbraut, bis es ruchbar ist, bis öffentlich interveniert und abgeholfen wird – bis dahin ist es für die dort Lernenden die Hölle. Hier kann nur zur gleichen Konsequenz wie zuvor geraten werden: Weggehen.

Eltern, die chronische Klimastörungen an einer Schule spüren, sollten sich nicht täuschen lassen. Denn fatalerweise gelingt es so mancher von diesen Schulen mit ihrer unpädagogischen Ausstrahlung auch noch zu werben. Man hält sich etwa für besonders leistungsbewußt, für sehr konsequent oder streng geführt. Eher früher als später werden solche Verbiegungen enttarnt. Doch ebenso hartnäckig ist die Blindheit mancher Eltern, den faulen Kern unter der schmückenden Schale sehen zu wollen.

Wiederholung des elterlichen Traumas

Aussichtslos wird es für Kinder, wenn Eltern – hier besonders Väter – sich den Sarkasmus zu eigen machen, unter dem sie selbst groß geworden sind. Zustände, unter denen sie einst selbst in der Schule litten, werden nun als pädagogisches Abschleifmittel propagiert.

Manuel besucht ein Gymnasium, auf dem er vom ersten Tag an unglücklich ist. Die Bildungsanstalt liegt im »vornehmen Stadtteil« und gilt als Eliteschule im Umkreis. Einer der disziplinarischen Standardsätze ist: »So benimmt man sich auf der Hauptschule, aber nicht bei uns.« Besonders die Lehrer der Eingangsklassen fühlen sich provoziert von den in ihren Augen unzureichenden Leistungsvoraussetzungen, wie sie einige Kinder aus den Grundschulen mitbringen. Mit beleidigenden Kommentaren über die Niveaulosigkeit fallen sie über die Neulinge her, um sich selbst im Lehrerzimmer anschließend Gleiches von ihren Kollegen anhören zu müssen: »Herr Kollege, Sie sollten überlegen, ob das Niveau Ihrer Klasse dem Ruf unserer Schule angemessen ist.« Oder: »Frau Kollegin, nach Ihren Bio-Stunden kann ich den Sauhaufen von Klasse Fünf erst mal wieder auf Vordermann bringen.« In der Klasse hagelt es Strafarbeiten, auch für den sensiblen Manuel, der sich stets als Adressat der kollektiven Beschimpfung fühlt.

Manuel erzählt zu Hause von dem Gefühl, in der Schule ungerecht behandelt zu werden. Der Vater geht dabei innerlich auf die Barrikaden und möchte sofort seinen Sohn verteidigen. Über seine Lippen kommt jedoch folgendes: Da mußt du durch! Stell' dich nicht so an! So schlimm wird es schon nicht sein, und wenn, dann hat's noch keinem geschadet.«

Der Vater handelt und spricht genau gegen den eigenen Impuls. Der Grund: Er selbst ist ähnlich durch die Schule gegangen. Sein Vater (verächtlich spricht er von einem Sadisten) steckte ihn in ein Internat mit Kadettendrill. Heftigst habe er dagegen opponiert, bis er die Schliche des Systems herausgefunden hatte und sich damit ganz gut arrangierte. Schließlich sei das eine gute und harte Lebensschulung für ihn gewesen. Sie habe den Grundstein zu seinem heutigen Erfolg als Immobilienmakler gelegt. Seinem Sohn werde das auch noch mal nützen.

Identifikation mit dem Aggressor

Die Haltung von Eltern wie Manuels Vater ist begründet mit dem, was die Psychologie die »Identifikation mit dem Aggressor« nennt. Unbemerkt – allerdings erfolgreich – sitzen sie in der Falle dieses Abwehrmechanismus. Menschen in Abhängigkeits- und Unterlegenheitssituationen greifen zu einem paradox wirkenden Abwehrmechanismus: Sie identifizieren sich mit dem Angreifer, schlagen sich auf dessen Seite. Das Phänomen ist beispielsweise von Geiselnahmen bekannt. Je länger sie andauern, desto eher kann es passieren, daß zwischen Opfer und Täter eine Sympathiebeziehung entsteht. Natürlich ist es keine begründete Sympathie seitens des Opfers. Es ist vielmehr das Schönreden einer Resignation, ein Schutzmechanismus, der dem Opfer hilft, die unmenschliche Bedrohung auszuhalten. Wenn der Täter »mein Freund« ist, passiert mir vielleicht nichts. Das Schlimmste an solch ohnmächtigen Situationen ist das Gefühl des Ausgeliefertseins. Erträglicher wird es, wenn ich mir den Angreifer nicht als Bösen vorstellen muß.

Schüler können Schule wie eine tägliche Geiselnahme erleben, wenn sie spüren müssen, daß sie in erster Linie einem übermächtigen System zu gehorchen haben. Manuels Vater ist es als Kind so ergangen. Daß er daran nicht zerbrach, machte ihn stolz. Ja, indem er im Laufe der Jahre sich die Methoden seiner Peiniger zu eigen machte und später damit geschäftlichen Erfolg hatte, rückte seine gesamte Internatszeit in ein verklärtes Licht. Die dazugehörigen Erniedrigungsgefühle konnten vom Ort der Erinnerung abgespalten werden. So kann er nun selbst ohne Skrupel mit Geschäftspartnern umgehen. Eine Empathie für deren Gefühle steht ihm als Ballast nicht im Weg. Sollte er nicht da auch seinem Sohn solche Startbedingungen in ein erfolgreiches Leben mit einer harten Schule ermöglichen?

Zugleich sah der Vater in Manuel aber auch noch einmal sich selbst als sensiblen Jungen, als den, der unter der Härte gelitten hatte, dem die Schule verhaßt war. Er war mit dieser, der verletzlichen Seite eines Kindes so identifiziert, daß er sich zuweilen auch so gab, wie er es sich von seinem eigenen Vater gewünscht hätte: verteidigend und parteinehmend. Für Manuel führte das unbewußte Wechselbad väterlicher Identifikation dazu, daß er keine Sicherheit in der Wahrnehmung seiner Gefühle gewann. Durfte er nun gegen die

Schule sein, wo sein Vater doch Ähnliches heldenhaft bestanden hatte? Sollte er sich der Strategie der Schule fügen, wo er andererseits von seinem Vater verächtliche Kommentare über die Pädagogenzunft hörte?

Manuel wagte nicht, der Schule fernzubleiben. Er »löste« den Konflikt, indem er auffallend oft verunglückte. Nie verletzte er sich ganz schlimm, aber immer doch so, daß er mit einem Gipsbein oder einer Armschlinge mildernde Umstände erwarten durfte.

Schulphobie

Die Angst, sich von Zuhause zu trennen

1. »Des Kaisers neue Kleider« oder die Angst vor der Bloßstellung

Psychologisch vorgebrachte Wahrheiten werden mitunter angegriffen, weil sie widersprüchlich wirken. Sie erscheinen unvernünftig. Die Logik, nach der zwei mal zwei stets vier ergibt, scheint ausgehebelt, hier darf das Ergebnis auch schon mal fünf minus eins heißen. Das ist bei näherem Hinsehen zwar nicht falsch, wirkt aber umständlich und unlogisch. Es ist eben nicht die Logik einer Finanzbuchhaltung, sondern die Logik der Psyche – Psychologik, mit der die Gesetze des Seelenlebens erklärt werden. Und diese sind in der Tat oft irritierend, vordergründig widersprüchlich und manchmal nur »um ein paar Ecken herum« zu verstehen. Wie anders wären Begriffe wie beispielsweise »Haßliebe« sonst zu erklären?

Auch vor der wissenschaftlichen Beschäftigung mit den Phänomenen des Lebens war man bemüht, Erkenntnisse über das Dasein begrifflich zu fassen, darzustellen und weiterzugeben. Märchen sind eine Kulturform, mit deren Hilfe die unsichtbaren Wirklichkeiten des Lebens zugänglicher werden.

Um das scheinbar so unvernünftige und widersprüchliche Tun der Schulphobiker zu verdeutlichen, ist das Märchen »Des Kaisers neue Kleider« geeignet. Es handelt von Macht und Ohnmacht, von Imponiergehabe und Bloßgestelltwerden, und es veranschaulicht, warum ein kluger Mann – immerhin der Kaiser – sich veralbern läßt. Letztlich spricht es davon, wie Menschen wider besseres Wissen sich selbst schachmatt setzen, um ihren Thron zu behaupten.

Wem die hintersinnige Geschichte von Hans Christian Andersen nicht so geläufig ist, dem sei sie hier im Kern wiedergegeben:

Des Kaisers neue Kleider
Zwei Spitzbuben geben sich bei Hofe als Weber von höchstem Range aus und versprechen, dem Kaiser ein Gewand zu wirken, wie es

kostbarer und feiner noch keiner getragen habe. Der umschmeichelte Kaiser erteilt den Auftrag.

Die beiden Schwindler begeben sich an ihr imaginäres Werk. Sie besitzen weder Gerät noch Material, tun aber sehr wichtig. Natürlich merken das die Bediensteten bei Hofe, wagen jedoch nichts zu sagen. Denn – das ist der geniale Trick der »Weber« – dieser Stoff sei nur für kluge Menschen sichtbar. Dumme und solche, die für ihr Amt nicht taugen, sähen ihn nicht. Wer will sich bei Hofe schon als unfähig zeigen?

Folglich beantworten sie mit »Aaah's und »Oooh's« die Präsentation der vorgetäuschten »Arbeitsfortschritte«. Auch dem Kaiser bleibt bei der Anprobe keine andere Wahl, als den bewundernden Kommentaren seiner Minister zuzustimmen. Dabei ist er in Wahrheit höchst entsetzt, sieht er sich doch erbärmlich in Unterwäsche vorm Spiegel stehen. Sollte er, der Kaiser, wirklich amtsunfähig sein? Die Komplimente seiner Untertanen jedoch beruhigen ihn. Solange alles im geschlossenen Bereich des Hofstaats bleibt, ist keine Enttarnung zu fürchten.

Doch als Kaiser muß er sich ab und zu dem Volke zeigen. Er verläßt den schützenden Palast zu einer Prozession. Auf der Straße ist ein jeder in der Menge entsetzt über die eigene vermeintliche Dummheit und heuchelt ein bewunderndes Bravo. Bis ein Kind am Straßenrand ausruft, was alle sehen: »Der Kaiser hat ja gar nichts an.« Nach einer Schrecksekunde entlädt sich die Spannung in befreiendem Gelächter. Allein, der Kaiser und seine Hofschranzen müssen den Staatsakt durchhalten.

Der Gang zur Schule, in die Gruppe Gleichaltriger, ist bei Schulphobikern vergleichbar mit dem Gang des Kaisers aus dem schützenden Palast. Sie, die Umschmeichelten und Bewunderten fürchten ihre Entmachtung. Die Unverstelltheit des Volkes auf der Straße wird sie bloßstellen und demütigen. Jäh ist der Schubs vom Thron in die Niederungen der Realität. Die güldenen Gewänder lösen sich in ein erbärmliches und lächerliches Nichts auf.

Johannes – ein Sunnyboy scheut das Risiko

Der »Kaiser«, von dem im folgenden Fallbeispiel die Rede sein soll, heißt Johannes. Er ist ein guter Schüler, ein Idealtyp von sportlichem Jugendlichen. Er sieht gut aus, ist sprachgewandt – und kommt mit knapp 16 Jahren in die Psychiatrie. Diagnose: Identitätsstörung bei schulphobischer Symptomatik.[1]

Eltern und Lehrer verstehen die Welt nicht mehr, als Johannes in der 10. Klasse des Gymnasiums plötzlich nicht mehr zur Schule geht. Zwar geht er morgens aus dem Haus, doch in der Schule kommt er nicht an. Johannes ist kein Streuner, keiner, der vormittags lieber in Cliquen oder Gangs die Kaufhäuser unsicher macht. Er ist auch keiner, der faul oder überfordert wäre. Im Gegenteil, die Schullaufbahn war bislang unauffällig und mustergültig. Das Lernen fiel ihm stets leicht. Intelligenztests weisen ihn als sehr begabten Schüler aus. Unter einem schlechter als »befriedigend« bringt er kaum mal eine Arbeit nach Hause, und in der Basketballmannschaft der Schule ist er ein Star. Hochgewachsen und durchtrainiert wirkt er alles andere denn als ängstlicher Schüler. Und die gepflegte Sprache, sein höfliches und gewandtes Auftreten im Schulsekretariat lassen nicht den geringsten Verdacht aufkommen, daß man es mit einem Schulschwänzer zu tun haben könnte.

Man rätselt also, wie es plötzlich zu 193 Fehlstunden auf dem Halbjahreszeugnis kommen kann. Angebahnt hatte es sich schon in Klasse 9 mit zuerst 17, im zweiten Halbjahr mit 42 Fehlstunden, davon 9 ohne Entschuldigung.

Die Gesprächsnotiz der Klinikambulanz vermerkt:

»Johannes stellt sich mit einem schulphobischen Störungsbild vor. Er klagt über Übelkeit in der Öffentlichkeit – ein Phänomen, welches er sich nicht erklären kann, welches ihn aber seit Ende November letzten Jahres vom Besuch des Gymnasiums abhielt, an dem er mit eher guten Leistungen die 10. Klasse besucht. Diese auf die bzw. von der Schule ausstrahlenden Probleme hätten seit etwa eineinhalb Jahren schleichend dazu geführt, daß erst die Mitschüler, später der Ausländeranteil in der Schulklasse und zuletzt eine verratzte Klassenarbeit die Motivation drastisch nach unten hatten abfallen lassen.

Besuche bei verschiedenen Internisten erbrachten keine medizinische Erklärung für die angeführte Übelkeit, so daß am Ende eine seelische Verursachung unabweislich wurde. Eigentlich sei nur das Basketballspielen dazu geeignet, die Übelkeit zu unterdrücken, gelegentlich sogar vergessen zu machen.«

Die Ratlosigkeit in der Familie und seitens der Schule wird nach-

vollziehbar, wenn aus dem Aufnahmebericht zitiert wird. So unauffällig und gut entwickelt stellt man sich keinen Schulphobiker vor:

»Antrieb und Aufmerksamkeit wirken unauffällig, die Psychomotorik integriert. Stimmung und Affektlage präsentieren sich als
ausgewogen. Es werden keine Hinweise auf Zwangsstörungen gegeben. Der Patient ist zu allen Qualitäten orientiert und mani-
festiert keine psychotischen Denk-, Wahrnehmungs- oder Erlebnis-
phänomene. Insbesondere ist eine suizidale Verfassung nicht zu
spüren und auch nicht zu erfragen.

In der körperlichen-neurologischen Untersuchung sah der Arzt
einen gesunden, altersgemäß entwickelten und durchtrainierten
Jugendlichen, dessen Wach- und Müdigkeits-EEG ebenfalls so unauffällig war wie die routinemäßig erhobenen Laborparameter.«

Körperlich war definitiv nichts zu finden. Doch woher kam die
Übelkeit? Wo hatten die Probleme dieses Sunnyboys ihre Ursachen?
Die ersten tauchen im Untersuchungsprotokoll an der Stelle auf, wo
es um die Beobachtung von Interaktionen und Psychodynamik geht:

»Im Beziehungserleben mit dem Patienten fand sich neben
großer Sympathie auch ein Vorbehalt, der von dem im Auftreten
manchmal arrogant wirkenden Jungen auszugehen schien. Zwar
verstand er sich mit Jugendlichen wie mit Erwachsenen auf einer
oberflächlichen Ebene, freilich ohne eine Vertiefung anzudeuten
oder gar anzustreben. Er wirkte hier in den interaktionellen Ich-
Äußerungen eingeschränkt und nicht aus sich herauskommen
könnend. Der Vorbericht von Ängstlichkeit trat hinter den Eindruck
einer mit sich selbst verwickelten Identitätsproblematik zurück.«

Auffällig ist auch seine Reaktion auf die Vorstellung des Behand-
lungsplans, der ihm in der Klinik unterbreitet wird. Unter Hinweis
auf plötzlich wieder empfundene heftige Übelkeit bittet er um die
Gewährung einer Schonzeit. Überraschend schnell lenkt er ein, als
diese ihm nicht in Aussicht gestellt wird, sondern statt dessen »harte
Therapiearbeit« angekündigt wird. Beispielsweise soll er schon am
nächsten Tag die Klinikschule besuchen. Er kann diese Vorgehensweise annehmen, bittet jedoch darum, »die Anforderungsgeschwin-
digkeit der Therapie zu drosseln«, weil er fürchte, »Fortschritte zu
machen, die er zu Hause niemals umsetzen könne«. Mit anderen
Worten: Er dürfe eigentlich nicht gesünder werden, als dies zu
Hause ertragen werden kann. Solch paradox klingende Botschaft ist
typisch für viele Schulphobiker.

Ohne Risiko im vertrauten Nest

Zum gesunden Verhalten eines Jugendlichen gehören Unbekümmertheit und Spontaneität – mit all jenen Facetten von Direktheit und Ungeschliffenheit, die das Privileg von Heranwachsenden sind. Doch paßt das zum Image vom »lieben Johannes«, jenem ruhigen Kind, das schon im Kindergarten als ängstlich galt?

Inzwischen war die merkwürdige, für Schulphobiker jedoch kennzeichnende Situation eingetreten, daß das Kind sich gemäß der elterlichen Konzeptbildung verhielt, gar fühlte. Diese sah in ihm das schützenswerte einzige Kind. Seinetwegen gab die Mutter ihren Beruf auf. In bester Absicht wuchs es in einer liebevollen und fairen häuslichen Atmosphäre auf. Dagegen wäre nichts zu sagen, wenn nicht daraus der Umkehrschluß gezogen worden wäre, daß nur und ausschließlich solche Bedingungen für zuträglich erachtet wurden. So, als traue man Kindern nicht zu, auch mal einen Guß Regen ohne Erkältung zu überstehen. Die Folge war ein Klima der Risikominimierung, des Abwägens und Scheuens.

Im Laufe der Jahre wurde das zum Selbstkonzept des Jungen. Wem die Widrigkeiten des Lebens täglich ausgeräumt werden, der wird das Lebendige der anderen irgendwann als Zumutung und Bedrohung empfinden. Wenn er sensibel und klug ist (beides war Johannes), wird er merken, daß die Stacheln bei den anderen aber nicht so einfach zu ziehen sind, daß das Mut und Entschlossenheit der eigenen Positionierung erfordert. Doch mit so wenig Kampferprobung ist die eigene Stärke schlecht einzuschätzen. Am sichersten ist es, man meidet die fremden Bezugssysteme und bleibt im vertrauten Milieu. Da gibt es keine Stolpersteine, da reden einem alle gut zu. Wenn der Kaiser im geschlossenen Kreis seines Hofstaats bleibt, muß er keine Bloßstellung fürchten. Dort darf er sich ohne Realitätsbezug in güldenen Gewändern dünken.

Johannes war durchaus bereit, sich fordern zu lassen. Doch dazu bedurfte es eines neuen Bezugsrahmens. Die Therapeuten und Pädagogen der Klinik muteten ihm manches zu. Er wurde ohne große Abfederung ins Stationsleben eingebunden und am zweiten Tag schon in die Klinikschule geschickt. Rasch wurde aus den vermeintlichen Zumutungen Zutrauen, wurde allmählich Selbstvertrauen.

Eine Chance durch Dritte

Natürlich hatten auch die Eltern Johannes oft genug zum Schulbesuch angehalten. Doch der Junge spürte, daß sie sich damit selbst überforderten. Als trauten sie der Zumutbarkeit ihrer eigenen Forderungen nicht, bedauerten sie ihn schon vorab. Es kam zu doppelten Botschaften: »Geh zur Schule!« – »Aber das ist ja auch heutzutage nicht zum Aushalten mit den vielen Problemfällen in deiner Klasse.«

In solchen Fällen bedarf es Dritter, Außenstehender, die emotional nicht so identifiziert und involviert sind. Es bedarf der Gelassenheit eines Auftraggebers, der die Sicherheit ausstrahlt: »Was ich dir abverlange, kannst du auch bewältigen«. (Hätte der Kaiser doch nur mal jemanden außerhalb seines Palastes nach dem seltsamen Gewand befragt!)

Johannes lebte sich in den neuen Situationen rasch ein, er erwies sich den Anforderungen eigentlich vom ersten Tag an gewachsen. Zugleich wurde in den Elterngesprächen klar, was er mit der Sorge um die Umsetzbarkeit des Therapieerfolgs zu Hause gemeint hatte. Im Arztbericht heißt es dazu:

»Es fiel auf, wie die Eltern eine Konzeptualisierung hatten, nach welcher Zumutungen und Anforderungen an den Jungen zurückzustehen hatten zugunsten von Anbahnungen und Erleichterungen: Sie zeigten sich hinsichtlich des Einsatzes und des Erfolgs unserer Methodik irritiert.«

Mit anderen Worten: die Eltern mahnten, ihren Johannes nicht mit zu raschen Fortschritten zu überfordern.

Elterliche Fürsorge entlarvt sich oft als Eigenschutz. Sie selbst hätten sich einem heftig-pubertierenden Sohn gar nicht gewachsen gefühlt. Das Korrekte und Leise, das Fürsorgliche und Risikoarme war das vorherrschende Familienklima, es bestimmte auch den Umgangston zwischen dem Ehepaar.

Ein robuster Johannes hätte sich einerseits seiner Gesundheit erfreuen können, andererseits hätte er damit außerhalb der Familienmoral gestanden. Schlimmer noch: er hätte die geliebten Eltern depotenziert. Er spürte, daß sie einer aggressiveren Vorgabe nicht gewachsen waren.

Überheblichkeit ist die Kehrseite der Phobie

Neben seiner Scheu strahlte Johannes mitunter auch eine Überheblichkeit aus. War er irgendwo einmal etwas vertraut geworden, stach die Trumpfkarte seiner Eloquenz und Höflichkeit, dann konnte er rasch arrogant werden. Spürte er Schwächen bei anderen – so wurde schon aus der Kindergartenzeit berichtet –, spielte er sich bald als deren Anführer auf.

Auch bei Mutter und Großeltern nahm er mit Anmaßungen und kleinen Unverschämtheiten zuweilen die Chefrolle ein – immer dort, wo ihm keine reale Gefahr drohte. Ein Kaiser weiß, daß im häuslichen Palast keiner widerspricht.

Es wird deutlich, daß Schulverweigerung bei Kindern wie Johannes eigentlich nichts mit der Schule selbst zu tun hat. Diese hat lediglich eine Stellvertreterfunktion angenommen. Sie ist der Ort, an dem Menschen anders, ungeschützter miteinander umgehen. Sie ist die freie Natur, in der eine mächtig großgezogene Treibhauspflanze sich bewähren muß. Das macht Angst – dem Gärtner wie der Pflanze (wenn es ihr denn bewußt wäre).

Selbsttäuschungen im geschlossenen System

Zwei Fragen sollen zum vorliegenden Fall noch geklärt werden: Johannes wurde spät auffällig. Erst mit 15 Jahren, in der 9. Klasse trat die Schulphobie auf. Wie konnte das – sollten die vorstehenden Überlegungen zur Familiendynamik stimmen – so lange gutgehen? Gab es einen Auslöser? Und wie ist die Tatsache zu erklären, daß Johannes ein guter Sportler, ja sogar ein aktiver Basketballer war? Wie paßt das zur Ängstlichkeit?

Der Hofstaat des Kaisers tut alles, daß »Majestät sich auch außerhalb des Schlosses frei von Widrigkeiten fühlen können«. Die gewohnte Atmosphäre und Ausstattung wird auch an auswärtigen Orten installiert. Zu einem Schloß gehören viele Dépendancen, einschließlich Sommerresidenz, Jagd- und Lustschloß. In gewöhnlichen Gasthöfen muß ein Kaiser nicht absteigen.

Das soll bitte nicht zynisch klingen. Es soll verdeutlichen, wie in wohlhabenden und differenzierten Kulturen (und Schulphobie bleibt diesen vorbehalten) elterliche Fürsorge sich weitverzweigt in verschiedenen Bereichen transferieren kann. Inseln des eigenen Umgangstils werden außerhalb der Familie etabliert. Man wohnt – was ja zu gönnen ist – in privilegierten Wohnvierteln, sucht oder gründet genehme Kinderbetreuungsgruppen, Schulen, Vereine. Räumliche Entfernungen werden durch Fahrdienste kompensiert.

Für Johannes hatten die Eltern eine sogenannte Angebotsgrundschule gewählt. Grundzüge der Montessoripädagogik wurden auch im nachfolgenden Gymnasium gepflegt. Fast klassenweise wechselte man dorthin. Das System blieb weitgehend erhalten. Auch der Basketballverein rekrutierte sich größtenteils aus Kindern des vertrauten Milieus. Man spielte betont regelbewußt. Mit seiner Körpergröße war Johannes für diese Sportart zudem gut ausgestattet, so daß er rasch mit Erfolgen glänzen konnte. Ja, er gefiel sich durchaus in der Rolle des Spielbeherrschers und Kommandeurs. Mit Schwächeren verfuhr er dabei nicht gerade zimperlich.

Von außen betrachtet ließ sich also nicht das Bild eines ängstlichen, verwöhnten Einzelkindes ausmachen. Johannes vermittelte das Bild eines sportlichen, gut integrierten Jungen. Doch was wie Integration aussah, war eher die Ausdehnung von Inseln heimischen Milieus. Eine Konfrontation und Auseinandersetzung mit dem Alltag, wie er sich unter Jugendlichen darstellt, war das noch nicht.

Diese brach erst in der 9. Klasse ein. Sitzenbleiber aus der 10. Klasse und Quereinsteiger aus anderen Schulen kamen als neue Fraktion in die Klassengemeinschaft und brachten einen ganz neuen Ton mit. Plötzlich waren Motorräder und Mädchen ein Thema, neue peer-group-leader positionierten sich, und allgemein wurde der Ton rauher. Er wurde auch obszöner. Johannes fand das nicht gut, doch es faszinierte ihn auch. Über den Basketball fand er rasch Zugang zu den neuen Klassenkameraden. Zu Hause beschimpfte er sie als »Asis«, um nicht zu viel Nähe zu verraten. Ihrerseits schätzten diese ihn als Sportler. Doch bald amüsierte sie Johannes' offenkundige Naivität. Über »dreckige Witze« lachte er nicht, oder er lachte an der falschen Stelle. Er verstand sie schlichtweg nicht. Er kannte keine Zoten und outete sich mit kindlichen Begriffen, über deren sexuelle Doppeldeutigkeit die anderen feixten.

Johannes ahnte, daß hier eine Erweiterung seines bisherigen Horizonts nötig war, daß es Initiationsriten zu bestehen galt, deren Spielregeln er nicht beherrschte. In der Ambivalenz von Fasziniert- und Abgestoßensein suchte er die Nähe dieser neuen Subgruppe, um letztlich wiederholt ihr Opfer zu werden. (Der Kaiser mußte ahnen, daß ihn jemand während der Prozession bloßstellen würde. Die Peinlichkeit ist letztlich selbst inszeniert.)

Die Schule ist nur Anlaß, nicht Ursache der Phobie

Es wird deutlich, daß bei solcher Dynamik die Schule selbst wenig Einfluß auf den Schulphobiker nehmen kann. Sie ist nur Schauplatz des Problems, nicht Verursacherin. Deutlich wird auch, warum es in der Klinikschule so unmittelbar zu einem erfolgreichen Besuch kommen konnte, was der neuen Schule selbst ebenso wenig als Plus anzuschreiben ist, wie es der alten als Minus angerechnet werden muß. Zunächst geht es einfach nur um einen Wechsel des Schauplatzes. Der neue ist unverbraucht. Das allein schon ist eine Chance. Doch dann gilt es, den Neustart für eine neue Dynamik zu nutzen. Der Schüler soll die Erfahrung machen, daß er auch anders, nämlich kompetenter mit den Belastungen umgehen kann. Die Schule kann dabei helfen. Wichtig ist für sie zu wissen, daß sie eine Stellvertreterrolle hat, daß sie Schauplatz einer Abgrenzungs-, Autonomie- und Loyalitätsproblematik ist, die eigentlich ins familiäre Bezugsfeld gehört. Dieses Wissen schützt die Pädagogen vor dem Mißverständnis, den phobischen Schüler nur noch mit Samthandschuhen anfassen zu müssen. Im Gegenteil, sie werden ermuntert, auch mal einen kräftigeren Ton anzuschlagen, als Zeichen, daß sie dem Schüler etwas zutrauen. Sollte der daraufhin mit einem allzu naßforschen Ton überreagieren, darf das nicht überinterpretiert und erst recht nicht sarkastisch niedergemacht werden. (»Ach, auf einmal!?«) Es sind die noch ungelenken Positionierungsversuche des Kandidaten. Im Vertrauen darauf, daß die Lehrer – im Gegensatz zu den Eltern – wegstecken können, riskieren die sonst so Ängstlichen schon mal eine Frechheit.

Eine Schule, die solche Zusammenhänge sieht und analysierend einordnen kann, bietet ein Forum zur Nachentwicklung und Identitätsfindung, ohne auf ihren Unterrichtsauftrag zu verzichten. Das psychologisch untermauerte Verstehen[2] des Schülerverhaltens schützt alle Beteiligten auch davor, sich in disziplinarischen Regularien festzubeißen. Auch wenn eine Schule damit therapeutisch flankiert, bleibt sie doch ganz Schule. Eine Therapie wurde Johannes zusätzlich empfohlen. Da ist der Ort, wo die hier nur skizzierten unbewußten Dynamiken zwischen ihm und den Eltern sowie innerhalb des Elternpaares selbst aufgedeckt und durchgearbeitet werden. So hieß es abschließend im Klinikbericht:

»Wir vermittelten den Eltern unsere Einschätzung, wonach die

Symptomatik im wesentlichen einer zweischichtigen Problematik unterliegt. Die von den Eltern stark unterstützte und aufgewertete körperliche Bewegung trug ihm ein Können und eine Festlegung auf die übers Soma ausgehandelten Selbstempfindensaspekte ein. Zugleich war er unter dem Label der sehr frühen sozialen Ängstlichkeit von den üblichen Erfordernissen der Bewältigung von Frustrationserlebnissen und der Ich-Durchsetzung weitgehend befreit und entwickelte auf dieser realitätsbezogenen Drehscheibe keine ausreichenden Kompetenzen. Dies wiederum läßt ihn bei Realanforderungen unvermittelt auf das Niveau der (akzeptierten) Ängstlichkeit zurückfallen. Nach dem auf der Heimatschule wieder aufgenommenen Schulbesuch sollten Johannes und Eltern die in Aussicht genommene Behandlung in einer analytischen Jugendlichenpsychotherapie mit begleitender Elternarbeit rasch umsetzen, um hier eine wirkliche Nachreifung der Ich-Kräfte in Gang zu setzen.«

2. »Sie fehlt mir ja doch« – Schulphobie als Trennungsproblem der Eltern

Es gibt Wochen, da wachsen Kinder besonders schnell. Jedenfalls könnte man das meinen, wenn man Eltern von Grundschulkindern hört. Nicht der Standardsatz von Opas und Tanten ist gemeint: »Was bist du wieder groß geworden!« Es geht eher um das stille Staunen von Eltern über einen plötzlichen Reifeschub ihres Kindes. Überrascht schwanken sie zwischen Freude und Befremden.

Die vorgestellte Szene findet meistens im 3. Schuljahr statt, und ihr Schauplatz ist der Schulhof. Eine Traube von Eltern steht schwatzend beisammen, umwuselt von Geschwisterkindern. Alle schauen auffallend oft zur Uhr und recken ihre Köpfe Richtung Schultor: Eine Klasse wird aus dem Schullandheim zurückerwartet.

Spätestens wenn die Kleinen aus dem Bus drängeln, kommt die erstaunte Feststellung über das gewachsene Kind. Nicht nur, daß sie gebräunt und meist völlig heiser zu ihren Eltern zurückkehren, sie wirken plötzlich um einen Kopf größer. Das läßt sich weniger an Zentimetern festmachen als eher an der Art einer subtilen Distanziertheit. Manche wollen gar nicht sofort ins elterliche Auto umsteigen. Andere verabreden sich gleich mit Klassenkameraden und lassen noch einmal die Witze aufleben, die in den vergangenen Tagen die Runde machten. Sie scheinen auch Nuancen einer anderen Sprache übernommen zu haben, lachen über Sprach-Codes, die den Eltern nicht zugänglich sind. Fünf Tage in der Klassengemeinschaft genügen, um bei den Daheimgebliebenen den Eindruck zu erwecken, das Kind sei größer geworden – aber auch ein wenig fremd.

Einbuße elterlicher Einflußnahme

Nicht jede Familie kann den neuen Entwicklungsschub gleichermaßen gut annehmen. Neben der Freude steht die Irritation über ein Stück Fremdheit. Es ist auch ein Gewahrwerden abnehmenden elterlichen Einflusses. Eltern wünschen sich zwar, daß die Kinder in fremden Bezugssystemen zurechtkommen, doch bedeutet es für sie auch Machteinbuße. Wunsch und Akzeptanz sind dann nicht immer das gleiche. Von ähnlicher Qualität ist die Erfahrung im ersten Schuljahr, wenn Eltern zur Kenntnis nehmen müssen, daß ihr Kind Aussagen der neuen Lehrerin höher einschätzt als die von Mama und Papa. Letztlich geht es um die Frage, ob die den Kindern gewünschte Autonomie von den Eltern auch ausgehalten werden kann.

Solche Entwicklungsetappen sind immer auch etwas schwierig, sie müssen aber längst nicht gleich zur neurotischen Fehlentwicklung führen. Der erste Schullandheimaufenthalt ist jedoch ein besonderer Meilenstein. Er kann sowohl Initiationsritus einer gelingenden Loslösung sein als auch Gradmesser einer fehlgeleiteten Verbindung von Eltern und Kind. Im letzten Fall beginnt das Drama schon Wochen vorher. Das Thema Klassenfahrt löst Bauchschmerzen aus. Täglich müssen Absicherungen erkämpft werden: Darf ich auch anrufen, kann auch mein Kuscheltier mit, darf ich mit dem oder dem im Zimmer schlafen, gibt es da auch mein Essen, und und und? Manche Eltern sind mit den Sorgen ihrer Kinder so identifiziert, daß sie plötzlich die gleichen Fragen stellen. Plötzlich haben auch sie Angst vor der möglichen Angst.

Spätestens jetzt kann es auf dem vorbereitenden Elternabend vor einer Fahrt unangenehm werden. Unter dem Vorwand der Fürsorge werden nun Rückholpläne für Sonderfälle ausgeklügelt, werden Standards und Serviceleistungen für die Kinder angemahnt, die sie die Trennung so wenig wie möglich spüren lassen sollen. Auf jeden Fall sollen die Kinder sofort anrufen, wenn sie angekommen sind. Welche Eltern können noch abwarten, bis nach drei Tagen die erste Postkarte als Lebenszeichen kommt?

Neuerdings tun sich regelrechte Grabenkämpfe bei der Frage auf, ob die Kinder ihr Handy mitnehmen dürfen. »Ich soll ihm ja nur gute Nacht sagen«, begründet eine Mutter die Mitnahme des Mobiltelefons ihres Kindes. Das mag sich lieb anhören und angesichts des häuslichen Dramas vor der Fahrt (»Ich fahr' nur mit, wenn ...«) verständlich erscheinen. Solche Argumente unterschätzen aber die Chancen der Ablenkung während der Klassenfahrten. Kinder legen in der Gemeinschaft rasch die ängstigenden Gefühle ab, sie »vergessen« meist ihr Anklammerungsbedürfnis. Später sind sie stolz. Auch das läßt sie »einen Kopf größer« erscheinen. Wenn im Schullandheim abends in den Doppelstockbetten »Stimmung herrscht«, findet man die zuvor so Besorgten oft sogar in führender Rolle. Und just in diesen Momenten klingelt das Telefon, und Mami und Papi wollen ihrem kleinen Schatz sagen, daß er nicht traurig sein muß, daß sie an ihn denken und er nun schön schlafen soll. Krasser können Entwicklungschancen nicht vertan werden – in aller Liebe.

Die vorangestellten Szenarien bewegen sich alle im Bereich des Üblichen. Weder haben sie Krankheitswert, noch sind es Beispiele für Schulphobie. Doch sie lassen ahnen, wie es dazu kommen kann. Die mehrtägige Klassenfahrt ist ja ein Kulminationspunkt. Ihr gehen unendlich viele kleine Alltagsepisoden voraus. An ihnen läßt sich der Stand der Trennungsfähigkeit ablesen, sie helfen auch, diese vorzubereiten und einzuüben.

Man stelle sich mal an einem Vormittag an das Eingangstor einer Grundschule, um die breite Spanne von Beziehungen zwischen Klammern und Lösen zu erleben:

Da sieht man

- Kinder, die mit Kameraden munter schwatzend oder rangelnd eintreffen;
- Kinder, die an Mutters Hand bis zum Tor gebracht werden und sich erst nach endlosen Abschiedsritualen verabschieden;
- Kinder, die mit einem freundlichen Klaps aus Papas Auto herausgelassen werden, um sogleich auf den Schulhof zu stürmen;

- Kinder, die aus Papas Auto steigen, ihm traurig nachwinken, bis das Auto hinter einer Kurve verschwindet;
- Kinder, denen der Vater den Schulranzen bis auf den Hof nachträgt;
- Mütter, die ihre Kinder – offenbar wegen der sichtbaren Tränen – schon weit vor dem Schultor verabschieden, aber so lange stehen bleiben, bis das Kind nach permanentem Umdrehen und Winken aufs Schulgelände einbiegt.

Autonomie aushalten

Noch immer ist nicht von Schulphobie die Rede. Doch es wird deutlich, wie sie sich anbahnen kann, wie ihr aber auch durch Training entgegnet werden kann. Der tägliche Schulweg bietet dazu eine ganz wichtige Gelegenheit. Hier können Anklammerungsstrukturen ungewollt verhärtet und seelische Wachstumschancen verschenkt werden. Der Schulweg ist gleichsam der wortwörtliche Übergang von einem Beziehungssystem zum anderen. Vom eingespielten heimischen Milieu in die offenere, risikoreichere und anstrengendere »Welt da draußen«. Natürlich birgt sie Gefahren. Doch Eltern sollten überdenken, wie viele Entwicklungschancen sie verschenken, wenn sie das alles perfekt absichern wollen. Leicht sind Begründungen zur Hand, warum gerade jetzt die Kinder auf dem Schulweg besonders gefährdet seien. Eine defekte Ampelanlage, ein Sexualtäter in der Stadt, ein mit Schwermetall belastetes Gelände am Wegesrand, Raufbolde an einer benachbarten Schule – all das sind vernünftige Gründe, die Kinder morgens zu begleiten. Dennoch sind es meist vorgeschobene Gründe. Es sind Rationalisierungen, die davon ablenken sollen, daß eigentlich die Eltern die Spannung, das Loslassen der Kinder nicht aushalten können.

Einfach ist es für Eltern eigentlich nie, die Kinder loszulassen. Der Zeitpunkt will gut überlegt sein. Und Eltern, die ihre Kinder mit der billigen Begründung alleinlassen, sie sollen lernen, sich durchzuschlagen, sind beileibe nicht das leuchtende Gegenbeispiel. Ein Kindergartenkind allein loszuschicken oder einen Erstkläßler eine Schnellstraße überqueren zu lassen ist hier nicht gemeint. Es geht nicht um das Verweigern von Verantwortung und Erziehung, sondern es geht darum, Ablöseprozesse auszuhalten, die durchaus als zumutbar gelten. Ein Beispiel: Der Schulweg führt durch Anliegerstraßen, gilt als sehr sicher, und das Kind ist alt und vernünftig genug. Dennoch wird den Eltern ein Schrecken in die Glieder fahren, wenn just zum Schulbeginn in der Nähe das Martinshorn eines Unfallwagens vernommen wird. Zum Problem wird diese Alltagsszene erst, wenn Eltern solche Spannungen nicht aushalten und beschließen, ihr Kind möglichst lange durch »diese gefährliche Welt« zu begleiten.

Man beobachte einmal, wie viele Grundschulkinder morgens mit dem Auto zur Schule gebracht werden. Die wenigsten davon haben unzumutbar lange oder gefährliche Fußwege zurückzulegen. Ignorieren wir einmal Schlechtwettertage und die Eltern, die auf dem Weg zur Arbeit ohnehin an der Schule vorbeifahren, dann ist zu fragen, warum die Mühen des täglichen Fahrservice aufgenommen werden. Nun, die Kurzfahrt ist zwar lästig, doch sie erspart in vielen Fällen Konflikte und stressige Abschiedsrituale. Den Kindern »erspart« es, eine altersgerechte Anstrengungsbereitschaft zu entwickeln, den Eltern »erspart« es, Spannungen aushalten zu müssen, wie sie in dem Beispiel mit dem Unfallwagen anklangen.

In der Tabelle des Anhangs wird dieses Phänomen als »Trennungsschwierigkeiten der Mutter« dokumentiert. In 61 Prozent der untersuchten Fälle von Schulphobie wurden diese festgestellt. Fürchten die schulängstlichen Kinder überwiegend den Lehrer (45 Prozent), die Klassenkameraden (67 Prozent) oder die Leistungsanforderungen (82 Prozent), so weisen die Schulphobiker hier deutlich geringere Raten auf (14 Prozent, 36 Prozent, 26 Prozent). Der höchste Prozentwert fällt bei ihnen auf die Eltern (in der Untersuchung: die Mutter), die ihrerseits Probleme haben, sich vom Kind zu trennen.

Das Problematische an den morgendlichen Zubringerdiensten zur Schule ist nicht, daß die Kinder dadurch bequem würden, sondern die Verlängerung des häuslichen Milieus, das dann unvermittelt, ohne Übergang endet. Das schützende »System Mama« wird bis zum Schultor ausgedehnt: Die Gesprächsthemen bleiben familienbezogen, Lieblingskassetten können noch übers Autoradio gehört werden, es »riecht noch überall nach zu Hause«. Plötzlich heißt es bei laufendem Motor »Schnell aussteigen!« Manches Kind wird von der Außenwelt dann überrascht.

Schulwege als Brücken zu Neuem

Schulwege sind so etwas wie eine Aufwärmphase, sie bereiten auf die anstehenden Anforderungen des Tages vor. Als Übergang von einem System ins andere bieten sie Entwicklungschancen und üben Bewältigungsstrategien ein. Kinder empfinden das mitunter als Verführung, die sie in einen Loyalitätskonflikt bringt, so als begingen sie einen Vertrauensbruch gegenüber den familiären Werten. Unterwegs trifft man andere, da wird anders geredet, da fallen Ausdrücke, die nicht ins Elternhaus gehören. Das macht Lust, und das macht Angst. Eltern wissen um diese Beeinflussung. Wenn sie das wie ein »Fremdgehen« ihres Kindes empfinden, werden sie solche Übungsschritte nur schwer zulassen können. Die Kinder ihrerseits werden darüber Schuldgefühle empfinden.

Hermann Hesse hat diesen kindlichen Konflikt literarisch eindrucksvoll beschrieben. Er, das Pfarrerssöhnchen, liebt und fürchtet den Schulweg mit den Dorfbuben gleichermaßen. Er liebt die Begegnung mit jener so ganz anderen, derberen Welt, und er fürchtet sie, weil sie ihn zu kühnen Gedanken und gefährlichen Handlungen verführt, die er im pietistischen Elternhaus mit stärksten Schuldgefühlen bereuen muß.

Die Anfangspassagen seiner autobiographischen Erzählung »Kinderseele« spiegeln das höchst anschaulich:

»Als ich elf Jahre alt war, kam ich eines Tages von der Schule her nach Hause, an einem von den Tagen, wo Schicksal in den Ecken lauert, wo leicht etwas passiert. An diesen Tagen scheint jede Unordnung und Störung der eigenen Seele sich in unserer Umwelt zu spiegeln und sie zu entstellen ...

Auch über meinen derzeitigen Freund hatte ich mich heute geärgert. Ich hatte seit kurzem eine Freundschaft mit Oskar Weber, dem Sohn eines Lokomotivführers, ohne recht zu wissen, was mich zu ihm zog. Er hatte neulich damit geprahlt, daß sein Vater sieben Mark im Tag verdiene, und ich hatte aufs Geratewohl erwidert, der meine verdiene vierzehn ...

Was mich zu ihm hinzog, war nicht seine Person, sondern etwas anderes, ich könnte sagen sein Stand – es war etwas, das er mit fast allen Buben von seiner Art und Herkunft teilte: eine gewisse freche Lebenskunst, ein dickes Fell gegen Gefahr und Demütigung, eine Vertrautheit mit den kleinen praktischen Angelegenheiten des Lebens, mit Geld, mit Kaufläden und Werkstätten, Waren und Preisen, mit Küche und Wäsche und dergleichen. Solche Knaben wie Weber, denen die Schläge in der Schule nicht weh zu tun schienen und die mit Knechten, Fuhrleuten und Fabrikmädchen verwandt und befreundet waren, die standen anders und gesicherter in der Welt als ich; sie waren gleichsam erwachsener, sie wußten, wie viel ihr Vater im Tag verdiene, und wußten ohne Zweifel auch sonst noch vieles, worin ich unerfahren war. Sie lachten über Ausdrücke und Witze, die ich nicht verstand. Sie konnten überhaupt auf eine Weise lachen, die mir versagt war, auf eine dreckige und rohe, aber unleugbar erwachsene und ›männliche‹ Weise.

In die ›Welt‹, wie sie mir in dämmerndem Abenteuerschein vorschwebte, schienen mir solche Knaben wie Weber ganz ohne Schwierigkeiten eingehen zu können, während mir die ›Welt‹ so sehr verschlossen war und jedes ihrer Tore durch unendliches Älterwerden, Schulesitzen, durch Prüfungen und Erzogenwerden mühsam erobert werden mußte.«[3]

Dosierte Ablösung

Es kann hinsichtlich der »Trennungsangst der Eltern« nicht genug darauf hingewiesen werden, daß verantwortungsvolles Loslassen und Alleinlassen eine Frage der Dosierung und des Alters ist. Wenn hier für mutigere Schritte plädiert wird, ist nicht Leichtfertigkeit gemeint. Es sollen auch nicht frühere Zeiten verherrlicht werden, die den Kindern traumatische Zumutungen des Sich-selbst-Überlassenseins bescheren. Aus heutiger Sicht sind beispielsweise die Besuchszeiten in Kinderkliniken, wie sie noch vor 30 Jahren Standard waren (ein bis zwei Stunden die Woche), ein Verbrechen. In belasteten Lebenslagen wie Krankheit dürfen Kinder durchaus auf frühere Entwicklungsstufen zurückfallen, regressiv nach Mama und Papa verlangen. Gesundheits- und Entwicklungsstand der Kinder bestimmen, was zumutbar ist und was nicht. Dreijährige läßt man nicht allein zu Hause. Wenn aber die Eltern eines Zehnjährigen keine Veranstaltung besuchen können, weil er jammert, nicht ohne sie bleiben zu können, dann stimmt etwas nicht. In dem Alter sollte erreicht sein, was Tiefenpsychologen »Objektkonstanz« nennen. Mit »Objekt« sind die Bezugspersonen gemeint, deren Zugewandtheit verinnerlicht werden kann, so daß das Kind nicht immer auf deren konkrete Anwesenheit angewiesen sein muß, um sich geborgen zu fühlen. Legitim ist es durchaus, auf ein »Übergangsobjekt« zurückzugreifen. Das kann ein Foto der Eltern oder ein Kuscheltier sein oder so etwas wie das berühmte Schnuffeltuch von Samson aus der Sesamstraße.

Natürlich gibt es keine genauen Altersangaben, ab wann ein Kind etwas allein können muß. Als Faustregel dürfen aber die Alterseinteilungen gelten, die in unserem Kulturkreis die Schwellendaten markieren. Ein gesundes Kind ist in der Lage,

- ab dem 3. Lebensjahr im Kindergarten einige Stunden ohne die Eltern mit anderen Kindern zu verbringen;
- ab dem 6. Lebensjahr, zur Einschulung, allein den Schulweg zu bestreiten (eine begleitete Eingewöhnungsphase widerspricht dem nicht);
- im 3. Schuljahr mit etwa acht Jahren eine Klassenfahrt mit Übernachtung zu bewältigen.

Genauer gesagt, müßte es in diesem Kapitel heißen, daß *die Eltern* dieser Kinder die jeweiligen Schwellenängste bewältigen können sollten. Wo das langanhaltend nicht gelingt, ist professionelle Hilfe angeraten.

Was hilft, wenn Eltern sich nicht trennen können?

Alles, was zum baldigen Schulbesuch führt, ist dann legitim. Außer körperlicher Gewalt heiligt in diesem Fall der Zweck in der Tat die Mittel.

Das kann sein

- ein Belohnsystem: »wenn du es schaffst, bekommst du …«;
- ein verhaltenstherapeutisch abgestuftes Vorgehen: erst bis zur Straßenecke, dann bis zum Schultor, bis zum Schulhof, bis vor das Klassenzimmer …;
- das Abholenlassen von Klassenkameraden;
- auch mal ein energisches Wort: »Schluß jetzt mit dem Theater! Du kannst das, und du gehst jetzt!«

Wir können diesen Verhaltensmix hier guten Gewissens vorschlagen, weil nichts heilsamer ist als die selbstverstärkenden Erfahrungen, die ein Kind aus dem wiederaufgenommenen Schulbesuch macht. Kinder, die aufgrund der Ängstlichkeit ihrer Eltern eine Schulphobie entwickeln, haben die Angst ja lediglich übernommen. Es ist gar nicht ihre eigene. Insofern gelingt es ihnen oft rasch, »den Hebel umzulegen«. Sie lassen sich durch die Klassengemeinschaft von der häuslichen Schwerlastigkeit ablenken. Doch dazu müssen sie natürlich erst wieder in die Schule kommen, endlich wieder dabei sein. Manche Kinder haben dann die Chance, sich zukünftig an der elterlichen Ängstlichkeit vorbei weiterzuentwickeln.

So verblüffend rasch solch verhaltenstherapeutisch erwirkte Veränderungen vielfach möglich sind, so wenig darf in anderen Fällen die Hartnäckigkeit der Symptomatik übersehen werden. Manchmal sind die Strukturen in der Familie so verhärtet und so subtil verästelt, daß gar nicht mehr deutlich wird, um wessen Angst es eigentlich geht. Sei es, daß die Kinder sich dermaßen mit einem Elternteil identifizieren, sei es, daß Übertragungsverhältnisse kaschiert und etabliert sind – jedenfalls drückt sich die ursprüngliche Angst der Eltern nun als Schulangst der Kinder aus. In diesen Fällen sind aufdeckende, analytische Therapieverfahren angezeigt – mitunter flankiert von einem verhaltenstherapeutischen Programm.

Beispiele elterlicher Trennungsangst

Oft gelingt eine nachhaltige Veränderung nur, wenn Belastungen aus der Biographie der Eltern aufgearbeitet werden. Wie subtil solche Hypotheken aus der eigenen Geschichte sich in deren Erzieherverhalten einschleichen können, mögen folgende, lose aneinandergereihte Beispiele aus unserer klinischen Erfahrung zeigen:

Mutter A hatte als Kind oft auf ihren jüngeren Bruder aufzupassen. An dessen frühem Unfalltod fühlt sie sich unbewußt schuldig. So etwas darf ihr nicht noch einmal passieren. Ihren eigenen Sohn läßt sie im Straßenverkehr nicht mehr aus den Augen.

Vater B galt bei seinem Vater als Versager. Nie würde er etwas zustande bringen. Nun ist er selbst Vater, und der Opa ist sehr stolz auf den Enkel. Vater B spürt, wie der eigene Sohn ihn rehabilitiert. »Wehe, an den kommt was dran!«

Vater C wünscht, daß Mutter D nach der Geburt des ersten Kindes ihren Beruf aufgibt und sich nur noch um Haushalt und Erziehung kümmert. Die beruflich einst engagierte Frau nimmt diese Rolle an und mißt ihren Stellenwert nun daran. Wohl und Wehe des Kindes sind für sie nun Gradmesser für Stolz oder Kränkung. »Was tust du eigentlich den ganzen Tag, wenn du dich noch nicht mal um das Kind richtig kümmerst?« könnte der Mann fragen.

Die alleinerziehende Mutter E sieht nur noch in ihrer Tochter eine ihr zugewandte Bezugsperson. Die hütet sie wie ihren Augapfel.

Vater F konnte sich als Schüler nie recht gegen Gleichaltrige durchsetzen. Seine Schulzeit war ein Martyrium. Seinen Sohn sieht er als ähnlich sensibel wie einst sich selbst. Und der soll mit den heutigen Rabauken klarkommen? Jeden Morgen leidet er imaginär mit ihm mit und verabschiedet ihn mit einem aufgesetzt burschikosen »Wehr dich! Du schaffst das schon!«

Ehepaar G fühlt sich in einer verrohenden Welt wie auf einer Insel der letzten Anständigen. Gezielt wählt es für sein Kind eine Privatschule mit konfessionellem Schwerpunkt aus. Die ist zwar nur mit dem Auto zu erreichen, doch die Mühe wird sich lohnen. Dort hört man auf dem Schulhof nicht so schlimme Ausdrücke – glauben sie. Ihr Kind hingegen genießt, daß man sich dort gelegentlich der gleichen Fäkalsprache bedient wie überall. Wie lange kann es den »Klosterschüler« vortäuschen?

Eltern H sind ganz im Geist einer neuen Pädagogik und Psychologie groß geworden. Viele bis in die 70er Jahre gültige Erziehungsansichten wurden gründlich umgekrempelt. Das Wissen über Kinderentwicklung wurde modernisiert. Begriffe wie Achtmonatsangst, Beziehungskonstanz, Bezugsperson oder Urvertrauen wurden Allgemeingut. Kinder dürfen nicht zur Unzeit alleingelassen werden, lautete eine richtige Erkenntnis. Was wurde da bei ihnen selbst nicht alles falsch gemacht! Wie wollen sie das nun bei ihrem Kind richtig machen? Sind dessen Sorgen vor der Klassenfahrt nicht ein Alarmsignal? Darf man das ignorieren, die Fahrt einfach durchsetzen? Würde das nicht ein Trauma auslösen? Übrig bleibt letztlich eine elterliche Hilflosigkeit, die weder Linie erkennen läßt noch das Kind beim Überwinden der zumutbaren Schwellen stützt.

Neben den ideologisch verunsicherten sind unter den trennungsängstlichen Eltern nicht wenige, die selbst noch täglich Anrufe ihrer eigenen Eltern erhalten – in aller Liebe, versteht sich. Natürlich ist den erwachsenen Kindern die ungefragte Fürsorge lästig. Doch darf man die alte Dame enttäuschen? Also heuchelt man mit 40 Jahren noch die brave Tochter, den lieben Sohn – in der Hoffnung, es von den eigenen Kindern auch mal entsprechend zurückzubekommen. Autonomie kann nicht zugelassen werden, solange sie als böse gilt. Abgrenzung wird nicht gewagt, weil sie als Ablehnung mißverstanden wird.

Mutter I, alleinerziehend, mochte einer Heimunterbringung ihrer 11jährigen Tochter zustimmen, nachdem diese ein Dreivierteljahr nicht die Schule besucht hatte. Die morgendlichen Schreikrämpfe und die körperliche Erstarrung, die dem Mädchen den Schulbesuch unmöglich machten, hatten bei der Mutter Nervenzusammenbrüche, Ärger im Betrieb und Ohnmachtsgefühle verursacht. Sie schwankte sehr zwischen Fürsorglichkeit und Wut gegenüber ihrer Tochter. Mit der Heimunterbringung nahm das Mädchen sofort und unproblematisch den Schulbesuch auf. Erleichtert meldete die Mutter dem vermittelnden Psychotherapeuten die gute Nachricht und schickte sogleich folgende drei Bemerkungen hinterher:

- »Sie fehlt mir ja irgendwie doch, besonders nachts«;
- »Stellen Sie sich vor, die muß dort sogar ihre eigene Wäsche waschen!«;
- »In drei Wochen machen die mit dem Heim einen Spanien-Urlaub. So gut hätt' es mir auch mal gehen müssen!«

Frau K leidet an einer Angststörung. Es fällt ihr schwer, das Haus zu verlassen. Es helfe ihr sehr, wenn der inzwischen 15jährige Sohn sie dann zum Arztbesuch begleite. Beide sehen überhaupt kein Problem darin, daß der Junge inzwischen seit über einem Jahr nicht mehr zur Schule geht. »Wir hängen nun mal unheimlich aneinander«, sagt die Mutter und fügt lächelnd hinzu, »er macht dann zwar zu Hause viel Unordnung, räumt auch nicht auf und spült nicht, doch mein Putzfimmel gleicht das wieder aus.«

3. »Our Star is Born« – Trennungsproblematik, früh angelegt und nett verpackt

Ein starkes Klammern der Eltern ans Kind klingt mitunter schon bei dessen Geburt an. Aus manchen Geburtsanzeigen spricht mehr als nur Freude über den Nachwuchs. Es scheint, als fände das Leben der Erwachsenen nun erst seine Sinnerfüllung. Wir wollen das hier nicht überinterpretieren und den Glücksgefühlen ihren überschwenglichen und unbekümmerten Raum geben. Und angesichts der Ignoranz, Lieblosigkeit und Not unter der viele Kinder auf dem Erdenrund immer noch zur Welt kommen, sei freudige Anteilnahme die erste Reaktion auf die folgenden Textanzeigen aus Geburtsanzeigen. Doch es muß auch auf die Fallstricke eines späteren Nicht-mehr-Loslassens, einer möglichen Glorifizierung hingewiesen werden. Zwei Beispiele aus Zeitungsanzeigen[4] glücklicher Eltern:

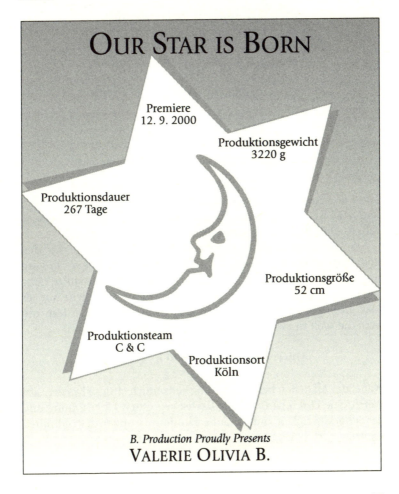

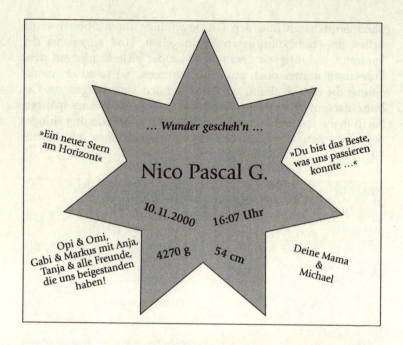

Wann dürfen so kostbare Schätze der rauhen Welt überlassen werden? Was ist, wenn sie auf die Stars anderer »Produktionsfirmen« treffen? Darf man sie überhaupt ohne Geleitschutz loslassen?

Manchmal wird zusammen mit der Geburtsanzeige für den zukünftigen Lebensweg gleich ein Programm formuliert. Da wird eine gewisse **Jaqueline** im Jahre 2000 geboren, und die stolze Oma begrüßt sie in einer viertelseitigen Zeitungsanzeige nicht nur als »das größte Geschenk«, sondern setzt in dicken Lettern fest, mit wem die Welt in zwanzig Jahren rechnen muß:

»Unsere Miss World 2020 ist geboren«

Wehe, das Mädchen bekommt zwischenzeitlich einige »Kratzer« ab! Welch eine Diskrepanz herrscht zwischen Omas Überhöhung und der Schnodderigkeit, mit der außerfamiliäre Gruppen dem erhofften Weltstar noch begegnen werden!

»Mein Engelchen«

Natürlich dürfen solche Formulierungen in Geburtsanzeigen nicht
Wort für Wort gewogen werden. Vielfach nehmen Eltern die Geburt
ihres Kindes zum Anlaß, um neben ihrer Freude vor allem eine
Visitenkarte ihres Lebensstils abzugeben. Sie nutzen die Geburtsanzeige als Gelegenheit, um beispielsweise Kreativität und Witzigkeit
zu demonstrieren. Doch stecken darin auch Lebenskonzepte für den
Nachwuchs, die durchaus nicht auf das Klischee vom angepaßten,
braven Kind begrenzt sein müssen. Spätere Ängste, Konflikte und
Unzulänglichkeitsgefühle des Kindes können auch darin begründet
sein, daß es das elterliche Ideal eines »peppigen Draufgängers« nicht
erfüllt. Nehmen wir beispielsweise Joe. Von seinen Eltern wird er in
der Zeitung so vorgestellt:

Joe – Born to be wild

Ca. 140 Stunden alt, gutgebauter (46 cm, 2940 g)
Nichtraucher, zarte Körperbehaarung, musisch begabt
(Pianistenhände), Vegetarier (vorzugsweise Muttermilch),
redegewandt, zartgliedrig, edle Gesinnung mit Hang zu
gewaltlosen Protesten, Hobbys: Kuscheln, Nuckeln, »Sleepen«
sucht: gleichgesinnte Sie, mollig kein Problem, gerne auch
älter (max. zwei Wochen), mit Ausstrahlung und Blick fürs
Wesentliche, Geschmack und Herzensbildung, sinnlich, treu,
aufgeschlossen für alles, was nur zu zweit Spaß macht.
Spätere Heirat nicht ausgeschlossen.
Ernsthafte Interessentinnen melden sich (mit Bildzuschrift)
Bei den dankbaren und begeisterten

Eltern »Magic Woman« und Alfred

Wie wird Joes Lebensweg wohl aussehen, wenn er zum jugendlichen
Technik-Freak wird, dem die Mädchen erst einmal gleichgültig
gegenüberstehen?

Die Scheinwelt der Schlagertexte singt von Sehnsüchten und
Wünschen, die wir an uns und andere richten. Warum auch nicht?

Belastend wird es, wenn die Spielwiese zum Schauplatz der Wirklichkeit wird. Wenn etwa ein Vater zum 18. Geburtstag seiner Tochter folgende Reimverse großformatig in die Zeitung setzen läßt:

> ## Hurra!
> ## Mein Engelchen Dana wird 18 Jahr
>
> *Wie soll ich das Gefühl meiner Liebe zu Dir verfassen,*
> *auch die schönsten Worte würden nicht passen.*
> *Du gabst mir von Baby an sehr viel Mut und Kraft.*
> *Durch Dich habe ich so manches geschafft.*
> *Du bist der Glücksstern in meinem Leben und*
> *Etwas Schöneres wird es für mich nie mehr geben.*
>
> *Deine Augen wie ein Diamant, Deine Sinne, der klare Verstand.*
> *Dein Gesicht, ein Engelsgedicht, Deine Offenheit, Ehrlichkeit und*
> *Immer für Kompromisse bereit. Da bekommt manch einer Neid,*
> *so was bekommt man nicht für Geld und somit machst Du mich*
> *zum glücklichsten Vater der Welt.*
>
> *Alles Erdenkliche an Gesundheit, Liebe und Glück*
> *Wünscht Dir liebe Dana*
>
> **Dein Daddy**

»Du bis unser Leben«

Unabhängig von den ödipalen Qualitäten, die Tiefenpsychologen[5] aus dem Text lesen mögen, ist nachzuvollziehen, mit welcher Zwiespältigkeit derart umklammerte Kinder ihre Verselbständigung und Loslösung erleben. Da ist auf der einen Seite das schöne Gefühl, einen stets fördernden und verteidigenden Daddy zu haben. Andererseits ist das Risiko unermeßlich groß, ihn zu enttäuschen, ihn durch Nichtverfügbarkeit seiner Kraft und Identität zu berauben. »Du gabst mir von Baby an sehr viel Mut und Kraft. Durch Dich habe ich so manches geschafft.« Was muß das für ein Super-Baby sein! Welch zentnerschwere Last liegt auf ihm!

Der Verlust eines idealisierten Kindes hinterläßt bei Eltern nicht nur Trauer. Er nimmt ihnen auch die Lebensmitte. Mag das in der unmittelbaren Trauerphase nachvollziehbar sein, so erschreckt es jedoch, wenn Eltern fünf Jahre nach dem Tod ihres damals Sechsjährigen folgende Verse zum Jahresgedächtnis halbseitig in der Presse veröffentlichen:

Für die Welt warst Du nur ein Kind,
für uns warst Du das Leben!
Wir vermissen Dich so sehr, unser geliebtes Kind.
Was Du uns gegeben hast, das gibt's nicht mehr.
In unseren Herzen bist Du geblieben,
nie werden wir aufhören, Dich zu lieben.

Wer sagt, die Zeit heilt Wunden, oder Eltern vergessen,
der hat nie so ein gutes Kind besessen!

Wir sind dankbar,
daß wir so einen Schatz hatten
und einen Teil des Weges
mit Dir gehen durften.

So sehr solche Zeilen zu Herzen gehen, so mag man sich andererseits nicht ausmalen, wie der Junge denn nun als Schüler sich hätte bewähren können. Wie hoch wäre die Kontrolle – verbrämt als Kooperationsbereitschaft – für die Lehrerin durch die Familie geworden? Ein hohes Gut hätte man ihr da anvertraut. Wieviel an Frechheit und Unbekümmertheit bei den Abenteuern des Schulalltags hätte der Bub sich herausnehmen dürfen, wenn von seiner Unversehrtheit doch so viel Lebenserfüllung abhängt? Wieweit hätte er zugeben dürfen, daß andere Menschen als nur die aus der eigenen Familie ihn fasziniert hätten, daß andere Wertsysteme als nur die häuslichen ihm Orientierung gegeben hätten?

Trennungsprobleme langfristig behandeln

Es kann nicht oft genug darauf hingewiesen werden, daß die Zitate aus Zeitungsanzeigen nicht ihre Urheber diffamieren sollen. Weder seien sie besserwisserisch angeprangert noch hämisch belächelt. Der spontane Überschwang der Gefühle – traurige wie beglückende – legitimiert vieles. Die Beispiele werden hier in ihrer zugespitzten und anonymisierten Form herangezogen, um folgendes deutlich zu machen:

- Die Ursachen für Trennungsprobleme sind im familiären Kontext zu sehen.
- Sie können sich lange als zugewandte, liebevolle Eltern-Kind-Beziehung kaschieren.
- Schulphobie tritt zwar plötzlich auf, ist aber lang und tief in familiären Abgrenzungsstrukturen begründet.
- Trennungsängste können in der Regel nur langfristig und stets unter Einbeziehung des familiären Umfelds therapeutisch aufgearbeitet werden.
- Die Schule ist lediglich Schauplatz, nicht aber Ursache der Problematik.
- Der von den Schulbehörden mitunter aus Hilflosigkeit oder auf Druck von Eltern und Therapeuten veranlaßte Hausunterricht (siehe Anhang) kann nicht die Lösung sein. Nicht nur, daß er die Ursachen verschleiert, er verfestigt – ungewollt – auch das Symptom. Das enge häusliche Milieu verleibt sich exklusiv für wenige Stunden das System Schule ein, ohne ihm eigentlich zu begegnen. Allenfalls stimmen anschließend die Leistungen, jedoch nicht die Lebenstüchtigkeit.

4. Die kleinen Chefs und ihre Angst vor Machteinbuße

»Nachts kommt er ängstlich in unser Bett gekrabbelt, und am Tag spielt er sich zu Hause als Chef auf.« Solche Charakterisierungen sind typisch, wenn Eltern von ihren schulphobischen Kindern sprechen. Natürlich wird zunächst vom ängstlichen Verhalten, von der sozialen Scheu und den Anklammerungstendenzen des Kindes berichtet. Doch gleich darauf kommen Klagen über Ansprüchlichkeit, verstockt-aggressives, ja sogar despotisches Verhalten gegenüber den Eltern. Was immer auch über die Kind-Eltern-Beziehung berichtet wird, es liegt etwas Zwingendes, Klammerndes, Kontrollierendes drin. Das hat Methode.

Trennungssymptome stellen sich zwar als Ängste dar, doch geht damit eine verkappte Machtproblematik einher. Es sind die Doppelbödigkeiten, die zuweilen auch die Dynamik erwachsener Beziehungen beherrschen. Bekannt sind sie eher aus Karikaturen und Klischees. Da ist die Rede von Männern, die die eigene Mutter vergöttern und auf der Straße fremden Frauen nachpfeifen. Oder da ruft der gefürchtete Firmenboß zu Hause nach der Mama und meint damit die Ehefrau. Andere zeigen sich in der Öffentlichkeit als der zärtliche Partner, während sie zu Hause den Despoten abgeben. Die Ambivalenz von Angst und Beherrschungsverlangen verdichtet sich in dem Witz vom Ehemann, dessen Frau verreist ist und der nun »aus Angst bei der Nachbarin schläft«.

Falk kontrolliert die Mama

Dieser Exkurs in die Paradoxien der Erwachsenenwelt weicht nur scheinbar von unserem Thema der schulphobischen Kinder ab. Auch bei ihnen offenbart die Kehrseite der Angst das Herrische und Zwingende. Ihr Verhalten zeigt Qualitäten, die aus Partnerkonflikten vertraut sind. Da ist beispielsweise die Lebensgeschichte von Falk.

Mit sechzehneinhalb Jahren wird er in der Jugendpsychiatrie vorgestellt, nachdem er zuletzt ein halbes Jahr in der 9. Klasse einer Hauptschule fehlte. Die Psychologin des Schulpsychologischen Dienstes sowie die Mitarbeiterin des Jugendamtes sahen zuletzt keine Perspektive in einem weiterhin nur ambulanten Therapierahmen. Befürchtungen von Suizidalität und einer psychotischen Entwicklung wurden laut. Falk hatte die einst nur schulbezogenen Ängste und Zwänge auf nahezu alle Anforderungen des Alltags ausgeweitet.

Falk ist einziges Kind der bei Geburt 30jährigen Mutter. Der Vater ist über zwanzig Jahre älter, trennt sich bald nach Falks Geburt von seiner Frau. Als Künstler im Tingel-Tangel-Milieu reist er viel und ist auch noch im Rentenalter genötigt, Engagements anzunehmen. Während der ersten zehn Lebensjahre pflegen Falk und Vater trotz dessen verschiedener Einsatzorte einen häufigen, warmherzigen Kontakt. Die Mutter nimmt ein halbes Jahr nach der Geburt eine Ganztagsarbeit auf, so daß Falk bis zum Kindergarteneintritt von der überfürsorglichen Großmutter aufgezogen wird.

Im Kindergarten wird Falk als konfliktscheu geschildert. In der Schule fallen die mangelnden Kontakte zu Gleichaltrigen auf. Er sucht primär Anerkennung durch die Lehrerinnen. Mit dieser Haltung wird er bald zum Klassenaußenseiter, den man gern hänselt. Diese Rolle erhält er auch sogleich in der Realschule. Er entwickelt starke Aversionen gegen den Schulbesuch, fällt in den Leistungen ab, muß in der 7. Klasse zur Hauptschule wechseln. Der Schulbesuch wird nun sehr unregelmäßig. Falk fehlt über Wochen und Monate. Der schulpsychologische Dienst und das Jugendamt schalten sich ein.

Beim Aufnahmegespräch in der Jugendpsychiatrie beklagt die Mutter neben ihrer Sorge um Falks Suizidgefahr und der Ohnmacht gegenüber seinen Ängsten und Anklammerungswünschen auch die Übergriffigkeit ihres Sohnes. Er zeige sich aggressiv, verstockt, extrem anspruchlich und kontrollierend. Ihre kürzlich geschlossene neue Ehe mit einem Mann aus einem völlig anderen Kulturkreis, anderer Hautfarbe, sei sehr durch Falks Verhalten belastet.

Falks Fall ist – bei allem Respekt vor den je individuellen Konstellationen – typisch für die Dynamik, die hinter vielen Trennungsängsten steckt. Vaterlos aufgewachsen, gerät er früh in die Rolle eines Partnerersatzes. Das muß nicht gleich sexuell gedeutet werden. Entscheidend ist das Unangemessene der zugespielten Rolle. Kinder leiten aus ihrer so früh und global erfahrenen Bedeutungshaftigkeit ein überhöhtes, narzißtisches Selbstbild ab. Falks Mutter zeigte sich doppelt von der Zuwendung des Kleinkindes abhängig, zum einen, um es in ihrer Einsamkeit nicht als wichtigsten Partner zu verlieren, zum andern aus Schuldgefühlen. Ihr war bewußt, welche emotionale Hypothek sie dem Kind mit ihrer unausgereiften und zerbrochenen Partner- und Elternschaft zugemutet hatte. Selbst die Oma erreichte das Gefühl von Schuld- und Wiedergutmachung, so daß beide Frauen ihren Erziehungsstil später inkonsequent und nachgiebig nennen. Nicht die materielle Verwöhnung ist dabei verhängnisvoll, sondern wiederum die überhöhte, altersunangemessene Bedeutung, die der kleine Bub durch die erwachsenen Frauen bekommt. Von seinem Wohlbefinden, seiner Fröhlichkeit machen sie ihr Selbstbefinden abhängig. Fühlt er sich gut, dann haben sie keine Schuldgefühle, konnten womöglich alte Fehler korrigieren. Ungewollt wird dem Kleinen damit eine machtvolle Rolle zugewiesen, die in kindlicher Vereinfachung das Gefühl festsetzt, man könne wie ein Imperator mit dem Daumen nach oben oder unten zeigen und andere danach springen lassen.

Konkurrenzlos auf dem Thron

Bis zum zwölften Lebensjahr durfte Falk neben Mama im Ehebett schlafen: »Er war ja so ängstlich.« Auch das soll hier nicht primär in seiner psychosexuellen Bedeutung interpretiert werden. Zum Verständnis von Falks Schulphobie reicht es, den aus der nächtlichen Gewohnheit abgeleiteten Zuwachs an Kontrolle und Macht zu verstehen. Die Wahrnehmung der Mutter als sexuell reife Frau wurde ignoriert. Damit waren zugleich mögliche erwachsene »Mitbewerber« um den Platz im Ehebett ausgeschaltet. Der war für andere tabu, den hatte er schon besetzt. (Die Tiefenpsychologie spricht im Falle einer ausschließlich diadischen Beziehungsfähigkeit, also einem Verharren in nur Zweier-Beziehungen, von einer mangelhaften Triangulierung. Gut trianguliert zu sein heißt, aushalten können, in einer Dreierbeziehung einmal nur »der Dritte« zu sein. Schulphobische Kinder sind in der Regel nicht hinreichend trianguliert.) Gegen männliche Gegenspieler mußte sich Falk zu Hause nie zur Wehr setzen. Er lernte weder anzugreifen noch zu verteidigen. Somit konnte er auch an keinem Stärkeren emporwachsen. Er war konkurrenzlos auf den Thron geraten. Anstrengungen zu dessen Verteidigung mußte er nicht unternehmen. Das Wissen um das wirkungsvolle Abrufen der Schuldgefühle seiner »Untertanen« sicherte ihm die Position.

Die Kontakte zu seinem leiblichen Vater während der ersten zehn Lebensjahre konnten nicht als Probefeld für ein männliches Profil genutzt werden. Falks Erzählungen nach zu urteilen war der Vater ähnlich strukturiert. Bei Treffen mit seinem Sohn versank er gern in den Weltschmerz. Die beiden betätigten sich dann künstlerisch. Das förderte einerseits die Kreativität und Sensibilität des Jungen, andererseits wurden jegliche rivalisierende, aggressive Impulse unter den »beiden Männern« damit ausgeblendet. Ohnehin wurde vom Vater eher wie von einem Opa geredet. Es schwang Mitleid mit, wenn Falk erzählte, wie der Vater noch im Alter auf den Bühnen der Vergnügungsetablissements sein Brot verdienen mußte, und es klang so, als hätten die Frauen dafür zu sorgen, daß es seinem Vater besser gehe. Falk hatte in dieser Konstellation nie Gelegenheit, die Eltern als sexuell ausgereifte und autonome Personen wahrzunehmen.

Die Entwicklung des Kindes in den außerhäuslichen Bezügen war zwar von Anfang an auffällig. Doch zeigte sie sich den jeweiligen

Etappen so lange gewachsen, wie sie die Konstellation des »kleinen Königs« und der depotenzierten Eltern halten konnte. Der Bruch kam, als das für ihn Unerhörte eintrat, daß seine Mutter »sich als Frau entdeckte« und sich einem anderen, einem »echten Mann« zuwandte. Mit Eifersucht ist das noch nicht treffend umschrieben, was Kinder mit Falks Werdegang dann verspüren. Ihre Angst gilt dem Bedeutungsverlust und damit der Angst vorm Thronsturz, mithin der Existenzbedrohung.

Erpressung mit Schuldgefühlen

Kinder, die in Falks Lage geraten, beginnen einen heftigen Abwehrkampf. Dessen Mittel sind »Machtanmaßung« und Zwanghaftigkeit. Als erstes wird »die Dosis erhöht«, das heißt, das Kind greift vermehrt auf die bislang so bewährten Verhaltensmuster zurück. Sowohl die anklammernde Hilflosigkeit als auch der einklagende Befehlston werden heftiger. Die eingespielte Masche, die Mutter mit Schuldgefühlen zu erpressen, wird verschärft. Zunächst somatisiert der Junge, er klagt morgens über Bauchschmerzen, wird kreideweiß, muß erbrechen. Als die Mutter es dennoch »wagt«, ihn zur Schule zu schicken, droht er mit Suizid. Bleibt er dann zu Hause, sind die Symptome bald verschwunden. An solchen Vormittagen verläßt der neue Ehemann der Mutter das Haus. Eigentlich ist er als Arbeitsloser dort gern als Hausmann tätig, während seine Frau arbeitet. Doch wenn Falk da sei, könne er dessen Sticheleien und Herablassung nicht ertragen und müsse gehen. Falk geht es letztlich darum, zu Hause die Kontrolle zu behalten, den neuen Mann zu vertreiben und damit die neue Beziehung zu zerstören und sich wieder in der Position des »Mann im Hause« einzusetzen.

Es wird deutlich, daß manche Kinder es sich subjektiv gar nicht leisten können, morgens in die Schule zu gehen. Sie würden damit die Kontrolle aufgeben, dem »Feind« das Feld überlassen und an ihrem eigenen Stuhl sägen. »Das könnte denen so passen, daß ich zu Hause einfach die Bahn frei mache«, rutscht es Falk einmal heraus. Ihre aggressiven Energien können diese Kinder nicht für Verselbständigungsprozesse einsetzen; der Zwang zur Kontrolle verzehrt alles. Um mit diesen zerstörerischen Tendenzen nicht aufzufallen (sie hätten bei einer Gegenoffensive der Erwachsenen auch gar keine Kraft zur Gegenwehr), geben sie sich als überaus angepaßt und freundlich. In der Schule wollen sie es vordergründig allen recht machen. Falk entwickelte in jener Zeit zusätzlich Wasch- und Kontrollzwänge. Der schüchterne Junge mit der leisen Stimme mußte viel Aggressivität unter Verschluß halten. Andernfalls drohten unkontrollierbare, emotionale Vulkanausbrüche.

Noch ein zusätzlicher Aspekt schwang in Falks gehemmt-destruktivem Verhalten mit. Mit der Kontrolle über die Mutter und der Unterbindung ihrer neuen Beziehung wollte der Junge den leiblichen Vater rehabilitieren. Das war nicht nur ein Akt der Rache im Namen des alten Mannes (der neue, farbige Mann war deutlich jünger als die Mutter), sondern auch eine indirekte Wiedergutmachung dafür, daß er – Falk – den Vater so depotenziert und dessen Platz eingenommen hatte.

Die Schilderungen machen deutlich, daß es längst nicht mehr um schulische Probleme geht. Die Schule selbst kann bei solcher Dynamik nichts ausrichten. Sie kann allerdings sehr konsequent auf ihren Forderungen, dem Einlösen der Schulpflicht und dem Erbringen von Leistungen bestehen. Gegebenenfalls sollte sie diese administrativ durchsetzen. Vordergründig mag sie sich damit dem Vorwurf aussetzen, unsensibel zu sein. Wie kann sie so einen blassen, stillen Jungen wie Falk zwangsvorführen lassen? Auf dem Hintergrund des hier dargelegten Machtverhaltens dürfte ihr Vorgehen jedoch nachvollziehbar sein.

Auch therapeutische Heime in Betracht ziehen

Gegebenenfalls ist auch die Einweisung in ein therapeutisches Heim angezeigt. Die neurotischen Fluchtwege werden damit gekappt. Mitunter kann nur so der Teufelskreis der krankhaften Fixierungen durchbrochen werden. In Falks Fall kam es später zu einer solchen Kompaktbetreuung. Anfangs hatte er während seiner tagesklinischen Behandlung in der Jugendpsychiatrie sehr regelmäßig die angeschlossene Klinikschule besucht. Er ging gern und meist angstfrei dorthin. Er mochte sich aber nicht an Gruppen binden, bis sich eines Tages ein Erfolg einstellte, der im nachhinein zum Pyrrhussieg wurde. Falk fand bei den Vorbereitungen für ein Schulfest viel Lob für sein Instrumentalspiel. Die Klassenkameraden wünschten von ihm auf der Feier musikalisch begleitet zu werden. Die Lehrer freuten sich über den vermeintlichen sozialen Durch-

bruch und setzten seinen Namen schon aufs Festprogramm. Falk
genoß zunächst die Anerkennung, doch je besser seine Musik bei
der Schulgemeinschaft ankam, desto konfliktreicher wurde die Lage
für ihn. Dann hätte er ja am Abend der Vorführung »die Mutter
alleine mit dem Typen« gelassen. Das war ihm eine unerträgliche
Vorstellung. Ebenso radikal verbat er der Mutter, die Schulfeier
gemeinsam mit ihrem Mann zu besuchen. Aus dem Konflikt, die
Situation kontrollieren zu müssen, die Kameraden aber nicht enttäuschen zu wollen, kam Falk nicht heraus. Die Lehrer konnten ihm
nicht helfen, da ihnen dieser Zusammenhang zu der Zeit nicht
bewußt war und die Freude über Falks wiedererwachte Geselligkeit
ihnen den Blick für die psychischen Komplikationen verstellte. Der
Junge »löste« den Konflikt, indem er der Schulfeier unter Vorgabe
von Krankheit fernblieb. Er war auch in den nächsten Wochen nicht
mehr zu einer Rückkehr in die Schule zu bewegen. Zu groß war
seine Scham über das Geschehene. Falk wurde später in einer psych-
iatrischen Klinik vollstationär fernab vom Heimatort weiterbehan-
delt. Er bedurfte eines engmaschigeren Settings unter vorüberge-
hendem Ausschalten von Flucht- und Rückzugswegen.

5. Aus der Fremde noch nicht angekommen –
Schulphobie als Migrationsproblem

Politische Schicksale von Volksgruppen hinterlassen stets Spuren
im Seelenleben ihrer einzelnen Mitglieder. Zu den tiefgreifendsten
Veränderungen im Lebenslauf zählt der Verlust der Heimat. Sei es
durch Krieg, Vertreibung, wirtschaftliche Not erzwungen, sei es aus
Gründen des Abenteuers, des beruflichen wie privaten Fortkommens
freiwillig gewählt – stets ist damit mehr als nur ein Wohnortswechsel verbunden. Die Tiefe der Eindrücke, die das »Gefühl Heimat« ausmachen, wird mitunter erst dann erlebt, wenn die tausend neuen
Eindrücke das Gefühl von Fremdsein vermitteln. Am neuen Ort
wird anders gesprochen, es gelten andere Regeln, eine andere Mode,
andere Tagesrhythmen, andere Verkehrszeichen, ja, es riecht einfach
anders. Es gelten auch andere Werte, was in sozialen Bezügen besondere Unsicherheit auslöst, es sei denn, man inszeniert sich in
dreister Platzhirschmanier überall als Mittelpunkt.

Für das Gros der Betroffenen jedenfalls geht mit der Heimat all das verloren, was zahllose Heimatlieder in allen Regionen als Bindungsstärke besingen. Millionenfach mußten und müssen Menschen die mit Heimatverlust verbundenen seelischen Belastungen verkraften. Die Kinder der Betroffenen übernehmen in diesen Prozessen manchmal eine ganz besondere Rolle. Sie kann Ursache für Schulangst sein.

Anna soll kein »Ossi« sein

Die 16jährige Anna war wegen ausgeprägter Schulphobie Patientin der jugendpsychiatrischen Tagesklinik. Die Klinikschule besuchte die intelligente Schülerin zwar regelmäßig, wirkte aber freudlos, sie ging wenig Kontakte ein, sprach extrem leise.

Am Ende der Englischstunde vor einem langen Wochenende druckste sie einmal umständlich herum, sie könne keine Hausaufgaben machen. Sie wand sich verlegen und murmelte etwas von »keine Zeit«. Für die ansonsten sehr fleißige und motivierte Schülerin war das eine unerwartete Begründung. Zuerst hatte der Lehrer den Eindruck, sie wolle auch mal so keß sein wie die »Null-Bock«-Klassenkameradinnen und die Anpassung verweigern. Das hätte den Lehrer insgeheim zwar erfreut, doch mit soviel unvermittelter Kühnheit hätte sie sich emotional wohl überfordert. So weit schien sie eigentlich noch nicht zu sein.

Nach den Gründen näher befragt stammelte Anna etwas von »Familienfest«. Das sei doch sehr schön und dafür gäbe es sogar regulär Hausaufgabenbefreiung, meinte der Lehrer. Wo das Fest denn stattfinde? Vier-, fünfmal mußte er noch fragen, ehe er Annas gehauchte Antwort verstehen konnte. Es fände in Halle statt. Der Lehrer, der auch Musik unterrichtete, fragte freudig bewegt zurück: »Halle an der Saale?« »Kennen Sie das etwa?« war Anna erstaunt. »Aber ja doch! Halle ist eine bekannte Stadt in der Musikgeschichte. Händel stammt von dort, die Bachs haben in der Gegend gewirkt«, und während er ins Schwärmen geriet, schob Anna verlegen nach: »Das Fest ist die Jugendweihe meiner Cousine.« Sie lächelte plötzlich, als der Lehrer auch das einordnen konnte und von eigenen verwandtschaftlichen Bezügen zur ehemaligen DDR berichtete.

Anna schien wie erlöst. Sie strebte gar nicht wie sonst in ihre anonyme Pausenecke, sprudelte los und wollte noch vom Lehrer wissen, ob er denn auch Begriffe wie »Technische Oberschule« und

»Plattenbauten« kenne. »Aber ja doch«, wunderte er sich über diese – aus seiner Sicht – Selbstverständlichkeiten. Und je mehr er von seinen eigenen Reisen dorthin erzählte, desto freier schien Annas Blick, desto fester klang ihre Stimme. Da kannte jemand ihre Geburtsstadt, ja er schätzte sogar deren Bedeutung. Da fielen plötzlich Tabuwörter, und nichts war peinlich.

Natürlich gibt es keine Spontanheilungen. Nach dem Wochenende wirkte Anna zunächst stumm wie immer. Doch Ansätze von Kontaktaufnahme zu einer Mitschülerin, erste Beteiligungen im Unterricht waren festzustellen. Es schien ein Bann gebrochen.

Dieser Bann hieß Scham und Peinlichkeit, eine Ostdeutsche zu sein. Anna war in Halle geboren, in einer Plattenbausiedlung aufgewachsen und das erste Jahr dort noch zur Schule gegangen. Das erste Zeugnis beschreibt eine aufgeweckte, fleißige, leistungsstarke Schülerin. Kurz nach der deutschen Wiedervereinigung ziehen sie und ihre Mutter ins Rheinland. Zum Aufbau einer neuen Existenz glaubt die Mutter, alle ostdeutschen Attribute ablegen zu müssen. Sie feilt an der Sprache (Anna selbst sprach völlig dialektfrei), versteckt Fotos, die sie im Blauhemd der FDJ zeigen. Während der Arbeit, die sie gelegentlich annimmt, lacht sie mit den neuen Kolleginnen über Ossi-Witze, empört sich mit ihnen gemeinsam über die »Jammer-Zonis«. In der Öffentlichkeit verleugnet sie ihre Herkunft, ihre eigene Sozialisation. Verräterische Begriffe werden zu Tabuwörtern erklärt. Anna soll unbelastet aufwachsen, soll es besser haben, soll sich eine West-Identität aneignen.

Migrantenkinder rehabilitieren ihre Eltern

Bezeichnend ist, daß gerade sensible Migranten-Kinder eine Doppelstrategie fahren, die sie natürlich eines Tages überfordert. Einerseits tun sie den Eltern und sich selbst den Gefallen und leben in Sprache, Mode oder Musikgeschmack im Einklang mit der neuen Heimat. Die Assimilation scheint gelungen. Unbewußt jedoch möchten sie zugleich die eigene und die Biographie ihrer Eltern rehabilitieren. »Mama hat das nicht verdient, ihr bisheriges Leben so zu verleugnen«, könnte der unbewußte Appell lauten. Bei Kindern kommt aber noch etwas hinzu, das auch für ihre eigene Identitätsfindung wichtig ist: Sie können nicht ertragen, die Eltern so erniedrigt, so beschämt, so entwurzelt zu sehen. Wenn Mamas Biographie peinlich

ist, was ist dann mit der lieben, der starken Mama, die mich be-
schützt, der ich vertraue, der ich einmal nacheifern will? Was ist mit
meinen eigenen ersten Lebensjahren? Das wohlige Nestgefühl zu
Hause, in der Siedlung, in meiner ersten Klasse: war das alles ein Irr-
tum? Worauf ist Verlaß? Für ihre eigene Lebensverankerung und
Selbstsicherheit ist es für Kinder wichtig, die Würde und die Identität ihrer Eltern rehabilitiert zu sehen.

Die Eltern scheinen diese Konflikte selber oftmals nicht zu
spüren. Sie sind zu sehr mit dem Aufbau der neuen Existenz beschäftigt, verbrauchen alle Kraft für das Über- und Einleben in der
neuen Situation. Sie können mit Aktivität (entwurzelte Eltern sind
oft sehr fleißig) die Konflikte abwehren, lassen eigene Traurigkeit
erst gar nicht hochkommen.

Es scheint, als sei es Aufgabe der Kinder, die emotionalen Mi-
grationsprobleme für die Elterngeneration stellvertretend zu
durchleiden und zu lösen. Das Phänomen ist bei den Flüchtlings-
kindern der deutschen Nachkriegsgeschichte ebenso zu beobachten gewesen wie bei den Ost-West-»Wanderern« nach der deutschen Einheit.

Der 12jährige Thomas kam wegen Schulphobie während der
psychotherapeutischen Behandlung zweimal für kurze Interventionen in die Klinikschule. Seine Eltern hatten kurz vor dem Fall der
Mauer aus Sachsen »rübergemacht«. Vater und Mutter faßten rasch
in gut dotierten, »typisch westlichen« Wirtschaftszweigen Fuß. Sie
sprachen ein gepflegtes Hochdeutsch. Thomas, der kleine Wonne-
proppen, sächselte dagegen so kabarettreif, daß es im Gymnasium
Anlaß heftigster Hänseleien wurde. Durch Thomas' unverstellte
Gegenwehr eskalierte es zu ausgesprochenen Diffamierungen. Der
Junge lebte ein Stück jener Unbekümmertheit aus, die sich die
Eltern längst versagt hatten. Und er bekam für sie die Prügel und
den Spott mit. Sich den Dialekt zu verweigern hätte er aber als Verrat an seiner Familie und deren Wurzeln empfunden. Thomas – er
war kein Feigling – »löste« den Konflikt, indem er sich jeden Morgen
wacker auf den Schulweg machte. Auf den letzten Metern hyper-
ventilierte (übermäßiges, hektisches Einatmen) er jedoch so heftig,
daß er kurz vor dem Schultor kollabierte. Ein Schulbesuch wurde
damit unmöglich.

Dem Jungen konnte mit relativ kurzen, allerdings wiederholten
Interventionen geholfen werden. In der begleitenden Elterntherapie

konnten diese angeregt werden, sich ihrem DDR-Kapitel und ihrer Angst vor Beschämung stellen. In die Erzählungen und das Betrachten von Fotos wurde Thomas mit einbezogen. Vor allem erfuhr er nun von den damaligen Überlegungen, den zwiespältigen Gefühlen der Eltern vor ihrer Flucht. Er konnte – auch aufgrund seines Alters – die Hintergründe besser verstehen, mußte die Eltern und seine Herkunft nicht mehr in kindlichem Schwarz-weiß-Denken verteidigen. Thomas konnte später über seine eigene Dialekt-Witzigkeit stellenweise sogar lachen. Bei Entlassung aus der Klinikschule nahm er sich vor, sein Sächsisch am Heimatgymnasium im Rahmen der Theater-AG humoristisch einzusetzen.

Schulphobie »löst« Loyalitätskonflikte

Schulphobie gründet mitunter in Loyalitätskonflikten, wie bei Thomas und Anna beschrieben. Kinder in Familien aus anderen Herkunftskreisen können die beiden Welten psychisch nicht miteinander verbinden. Das Einlassen auf die neue Umgebung wird als Verrat an der alten empfunden. Bei den alten Wurzeln zu bleiben ist aber auch unmöglich, weil dies Stagnation, Chancen- und Perspektivlosigkeit bedeutet. Wird das neue System von den Eltern als bedrohlich, herabwürdigend oder identitätsraubend erlebt und im Grunde abgelehnt, käme es ja einer »Kollaboration mit dem Klassenfeind« gleich, sich mit diesem zu verbünden. Im Krieg würde solcher »Hochverrat« mit dem Tode geahndet. Im Identitätsringen eines Kindes käme das dem Verstoßenwerden aus dem Nest gleich. (Schul-)Freunde gewonnen, Familie verloren? Als Kind kann man sich diese Wahl noch nicht erlauben.

Die Beispiele von Thomas und Anna spiegeln psychische Konflikte, die sich an ehemals zwei deutschen Systemen festmachen. Wieviel größer sind sie bei Kindern, deren Eltern aus ganz anderen Kulturen stammen! Plakativ sind die Beispiele, wo die Mutter am Elternsprechtag mit Kopftuch erscheint, kaum fähig, ein Wort Deutsch zu sprechen. Obwohl sie schon seit 20 Jahren hier lebt, muß die Tochter, eine attraktive 15jährige, solche Termine für sie managen. In vielen Familien ist das nun einmal so eingespielt und nicht weiter auffällig. Bei den schulphobischen Mädchen, die aus solchen Konstellationen in die Jugendpsychiatrie kommen, ist jedoch noch eine andere Dimension zu spüren. Ihre Mütter mögen sich auf die hiesige Welt nicht einlassen, weil sie als böse empfunden wird. Ihre freizügigen, emanzipatorischen Dimensionen sind nicht mit den religiösen oder weltanschaulichen Traditionen ihrer Herkunftskulturen zu vereinbaren.

Schulen sind prägende Ausbildungsstätten der jeweiligen Kulturen. Es ist unerträglich, sein Kind in einer Einrichtung erzogen zu sehen, mit deren Werten man nicht übereinstimmt. Andererseits ist die technische Seite der Schule, sind ihre vermittelten Abschlüsse im neuen Land Garanten des Erfolgs. Kinder können die Trennung noch nicht vollziehen, mit der manche Eltern dem fremden Schulwesen begegnen; sie spalten zwischen wissenschaftlicher und ideologischer Ausbildung. Doch Schule ist für Kinder ein ganzheitlicher Lebensort, in dem sie nicht nur lernen. Da treffen sie auf Mitschüler, da erproben sie Selbstbehauptung, Loslösung, da geht es auch um Freundschaften, vielleicht auch um die erste Liebe.

Pubertierende Mädchen, die ihre psychosexuelle Entwicklung im extremen Spagat zwischen Elternhaus und Schule erleben, haben manchmal Schwierigkeiten im Identitätsaufbau. Und bevor sie wirklich scheitern, meiden manche den konfliktbesetzten Ort – sie meiden die Schule. Die psychische Konstitution ist dabei meist noch so flexibel, daß sich die Verweigerung als Krankheit (bevorzugt Migräne, vegetative Störungen, Menstruationsstörungen u. ä.) kaschieren darf.

Kombinierte Formen von Schulangst und Schulphobie

Kinder von Migranten erleben nicht nur einen Loyalitätskonflikt zwischen den Wertsystemen der alten und neuen Heimat. Oftmals sollen sie – natürlich unausgesprochen – ihre Familie in Stand und Ansehen aufwerten. Ein Vater, der im Heimatland etwa Ingenieur war, in Deutschland aber nur eine Anstellung als Hausmeister findet, kann diese Demütigung um so eher ertragen, wenn seine Kinder der Nachbarschaft beweisen, daß man durchaus Niveau hat. Schafft die nächste Generation das Abitur, können sich die Eltern als »die Russen«, »die Pollacken«, als »die Neger« und was die Umgangssprache sonst noch an diffamierenden Bezeichnungen aufbietet, rehabilitieren.

Für die Kinder entsteht dadurch ein unerhörter Leistungsdruck. Tückischerweise rechtfertigen die Jugendlichen diesen Druck oft

101

selbst. Sie wissen dann nicht, woran sie leiden. Ein »Ausweg« kann zu einer kombinierten Form von Schulangst und Schulphobie führen. Dem 13jährigen Boris erging es beispielsweise so.

Boris war mit seinen Eltern vor einigen Jahren aus Siebenbürgen in die Bundesrepublik gekommen. Er selbst sprach nur gebrochen Deutsch, während die Eltern die Sprache gut beherrschten. In seinem Heimatort war Boris ein anerkannter und guter Schüler gewesen. Es hatte ihm Spaß gemacht, dem Unterricht zu folgen, und er hatte die Schule mit Freude und Interesse besucht. Auch in seinen Sozialkontakten war er gut integriert, hatte viele Freunde und fühlte sich in seiner Umgebung wohl.

Daß die Eltern ausreisten, konnte er aufgrund deren mangelnder beruflicher Perspektive verstehen, aber es fiel ihm nicht leicht, sich in der neuen Umgebung einzugewöhnen. Da waren zunächst die Sprachschwierigkeiten, die er durch intensives Üben und spezielle Kurse rasch beheben konnte. Mit seinen Mitschülern kam er zwar ganz gut zurecht, andererseits war aber deren Alltag völlig anders als sein früherer. So gelang es Boris nur vereinzelt, Kontakte zu knüpfen. Auch mit den Lehrern tat er sich schwer. Sie waren nicht so streng und kontrollierend wie in seiner Heimat und sorgten weniger für Ruhe und Ordnung, die ihm wichtig war. So blieb er isoliert und mußte versuchen, sich trotz der immer noch vorhandenen sprachlichen Probleme in der Schule zu behaupten.

Boris steckte manche Härte weg, weil beide Eltern von ihm erwarteten, daß er das Gymnasium trotz des Wechsels erfolgreich absolvieren sollte. Sie hatten wenig Verständnis dafür, daß er einen großen zeitlichen Aufwand leisten mußte, um einigermaßen mitzukommen. Er war von seinen Noten selbst enttäuscht und versuchte, durch noch größere Anstrengungen diese zu verbessern. Als der Erfolg ausblieb, reagierte er enttäuscht und deprimiert. Er traute sich keine guten Leistungen mehr zu, zog sich zurück und isolierte sich noch stärker. Zeit für Hobbys und Unternehmungen mit Klassenkameraden blieb bei seinem Arbeitspensum ohnehin nicht.

Der für ihn emotional belastende Wegzug aus der Heimat mit Verlust der vertrauten Umgebung sowie vielen Freunden und die unausgesprochene Erwartung der Eltern, daß er auch in der neuen Umgebung an die alten Noten anknüpfen würde, führten zu einer starken inneren Spannung und Zerrissenheit und mündeten in Schulangst und Schulverweigerung.

Schulschwänzen –

Kein Bock auf Schule

1. *Emil, Kevin, Mehmet und Co. – Geschwänzt wurde schon immer*

Wer vormittags die Kaufhäuser der Innenstädte aufsucht, wird vielleicht erstaunt sein, daß dort viele Jugendliche anzutreffen sind. Obwohl nicht Ferienzeit ist, stehen sie in Trauben vor den Spielgeräten der Unterhaltungselektronik, prüfen über Kopfhörer die Neuerscheinungen in den Musikabteilungen oder hängen in Cliquen einfach nur vor einem Kiosk herum. Erklärungsversuche, das mit Elternsprechtag oder Zeugniskonferenz zu begründen, werden am nächsten Tag hinfällig: Die gleichen Gesichter sind am gleichen Ort zu sehen. Hier wird schlichtweg Schule geschwänzt.

Schulschwänzen ist so alt wie die Schule selbst. Doch erst seit Einführung der allgemeinen Schulpflicht muß ihm eine administrative Dimension beigemessen werden. Die Gründe fürs Schulschwänzen waren und sind sehr vielfältig. Standen früher eher soziale Zwangslagen im Vordergrund – Kinder halfen im elterlichen Gewerbe mit, andere sorgten mit Brötchen- und Zeitungsaustragen für ein Zubrot –, haben wir es heute eher mit dem Verweigern von Anstrengungsbereitschaft und Tagesrhythmen zu tun. Schule macht den Schwänzern in der Regel nicht Angst. Sie ist eher lästig und langweilig, wenig prestigebesetzt und steht im Weg, wenn es gilt, Spannenderes, Lustvolleres zu tun.

Obwohl die Gefahr des Abgleitens in eine dissoziale Karriere groß ist, muß nicht hinter jedem Schulschwänzen gleich die große kriminelle Laufbahn gesehen werden.

In der Kinderbuchliteratur ist Schulschwänzen mitunter ein ausgesprochenes Muß für die jugendlichen Sympathieträger. Wie sollten »Emil und die Detektive« auch sonst ihre Fälle lösen? Etwa warten bis zum Wochenende? Pädagogisch korrekt lassen Schriftsteller wie Erich Kästner die Abenteuer meist in den Ferien spielen. Doch es ist klar, daß die liebenswerte Kindergang um »Gustav mit der Hupe«

103

im Ernstfall die Mathe-Stunde zugunsten ihrer »Verbrechens-bekämpfung« sausen lassen würden. Am besten wäre es natürlich, Schule fände erst gar nicht statt. So wie bei Walt Disneys »Micky Mouse«. Wann begegnen uns die pfiffigen Neffen von Donald Duck schon einmal mit dem Ranzen auf dem Rücken?

Max und Moritz und ihr heimtückischer Anschlag auf den Lehrer geben als Schulschwänzer schon eher Anlaß zur Sorge. Wilhelm Busch stellte schon vor hundertfünfzig Jahren mit diesen Burschen heraus, was in der öffentlichen Wahrnehmung, besonders in Groß-städten, besorgniserregend ist: »Menschen necken, Tiere quälen, Äpfel, Birnen, Zwetschgen stehlen. Das ist freilich angenehmer und dazu auch viel bequemer, als in Kirche oder Schule festzusitzen auf dem Stuhle«. Aus damaligen Obstdieben wurden inzwischen Kaufhausstreuner.

Die Eltern von Max und Moritz sind nicht präsent. Das ist so geblieben. Schulschwänzer finden sich heute bevorzugt unter den Heimat- und Erfolglosen, den frühen »Losern«. Manchmal sind es auch die früh Verwöhnten. In der Regel entstammen sie und ihre Familien einem schwierigen Milieu, kommen aus nicht verwurzelten Herkunftskulturen. Der Friederich aus dem *Struwwelpeter* (»Friederich, der arge Wüterich«) heißt heute eher Sascha, Kevin, Mehmet oder Oleg. Jedenfalls sind es überwiegend Jungen. Schätzungen von Ämtern, Lehrergewerkschaften und Polizei gehen von derzeit 65 000 bis 70 000 Schülern im Bundesgebiet aus.

Mit Schule haben die typischen Schwänzer so wenig im Sinn, daß sie noch nicht einmal Angst vor ihr haben. Das Faktum »Schulverweigerung« eint sie zwar phänotypisch mit den Schulängstlichen und -phobikern, doch Ursache und Behandlung sind grundverschieden. Deshalb würden Therapieformen, wie sie bei Angststörungen angebracht sind, bei ihnen nicht greifen. Hier sind Maßnahmen der Jugendhilfe primär angezeigt. In einem Buch über Schulangst möge ihnen deshalb nur ein kleiner Übersichtsbeitrag gewidmet sein.

2. Schulschwänzen – jugendpsychiatrisch gesehen

Beim Schulschwänzen handelt es sich um eine Störung des Sozialverhaltens. Die Kinder gehen auf Opposition, sind aufsässig, un-

gehorsam und trotzig und halten sich schlecht an Vorgaben und
Regeln. In der Familie kommt es häufig zu ausgeprägten Konflikten,
wobei es nicht gelingt, diese dort zu lösen. Ausdruck dieses oppositionellen, aufsässigen und trotzigen Verhaltens ist auch das Schulschwänzen. Es bestehen meist gute soziale Bindungen zu Gleichaltrigen, die ebenfalls soziale Auffälligkeiten aufweisen. Gemeinsam
wird die Schule geschwänzt, wird gestohlen und vielfältig meist
aggressiver Unfug angestellt (Poustka 1980)[1].

Steigende Aggressivität in Familien und Schulen stellt ein bren-
nendes Problem der Gesellschaft dar. Gewalt und Dissozialität von
Kindern und Jugendlichen haben in den letzten Jahren deutlich
zugenommen haben. Das Magazin *Focus* titelte »Faustrecht macht
Schule«[2] und berichtet über folgende Zahlen einer in Auftrag gege-
benen bundesweiten Befragung von 1299 Schülern im Alter von 6
bis 19 Jahren: 67 Prozent der Schüler wurden danach Zeugen ge-
walttätiger Auseinandersetzungen, jeder Dritte war selbst Opfer.
Zwischen Ost und West, Groß- und Kleinstädten sowie einzelnen
Schulformen traten dabei keine bedeutsamen Unterschiede auf.

Einstieg in eine dissoziale Karriere

Ergebnisse aus Längsschnittuntersuchungen verdeutlichen, daß der
Verlauf dissozialer Störungen von einer hohen Stabilität gekennzeichnet ist[3]. Wer vor dem vollendeten neunten Lebensjahr bereits
solche dissozialen Verhaltensweisen, zu denen auch Schulschwänzen gehört, zeigt, ist – statistisch – meist ein Junge, zeigt häufiger
körperliche Aggressionen und hat meist gestörte Beziehungen zu
Gleichaltrigen. Die aggressiv-dissoziale Entwicklung beginnt typi-
scherweise im frühen Kindesalter mit heftigen Wutausbrüchen und
vor allem mit oppositionellem und verweigerndem Verhalten[4]. Das
geschieht so dauerhaft, daß es mit den Phänomenen einer »Trotz-
phase« nicht abgetan werden kann. Im Jugendalter kann zwar die
Hälfte der Betroffenen diese Problematik ablegen, die andere Hälfte
entwickelt aber dissoziale Verhaltensweisen mit Delinquenz.

Aggressiv auffällige Jugendliche, deren schulische Karriere durch
Mißerfolge gekennzeichnet ist und die von besser angepaßten
Gleichaltrigen abgelehnt werden, tendieren dazu, sich gleichgesinnten, ebenfalls devianten Jugendlichen anzuschließen. Hier finden
sie die anderswo nicht erreichte Anerkennung. Solch deviante Grup-

pen stellen den zentralen Trainingsort für delinquente Handlungen und für Drogenmißbrauch dar. Ein hoher Anteil der aggressiv oder dissozial auffälligen Kinder und Jugendlichen hat erhebliche Lernprobleme in der Schule und entzieht sich dem Schulbesuch. Die Rate der Klassenwiederholungen ist bei diesen Kindern um das Vierfache gegenüber nicht auffälligen Kindern erhöht. Erstaunlicherweise geben sie in einer Rate von 20 bis 30 Prozent auch begleitende andere Schwierigkeiten wie körperliche Beschwerden, Angst und Depressionen an. Diese »leisen Probleme« werden allzu häufig auch von Fachleuten und Eltern übersehen. Eine wirkungsvolle Hilfe setzt voraus, daß auch diese Symptome erkannt und bearbeitet werden[5].

Nur ein geringer Teil der aggressiv und dissozial besonders auffälligen Kinder und Jugendlichen wird von den Eltern als problematisch oder behandlungsbedürftig eingeschätzt. Dieses Ergebnis unserer eigenen repräsentativen Untersuchung ist besonders überraschend und erschreckend[6]. Auch aus anderen Studien war bereits bekannt, daß diejenigen, die nach fachlichem Urteil behandlungsbedürftig sind, nur zu einem geringen Teil auch behandelt werden. Die hierfür früher verantwortlich gemachte schlechte Versorgungssituation durch entsprechende Beratungsstellen bzw. niedergelassene Therapeuten und Kinderpsychiater hat sich in den letzten Jahren merklich verbessert, so daß es mehr denn je darauf ankommt, durch Information und Abbau von Vorurteilen Eltern und Kinder zu ermutigen, die vorhandenen Hilfen in Anspruch zu nehmen.

Null Toleranz gegen Schwänzen

Je besser wir über die Zusammenhänge zwischen Aggression, Gewalt und Schulverhalten informiert sind, desto stärker werden auch die öffentlichen Maßnahmen greifen. So berichtete die *Neue Zürcher Zeitung* über »Strafe als Erziehungsprinzip in den USA«, was dort »zero tolerance« gegenüber Gewalt in den Schulen bedeutet[7]. Dieser neue Erziehungstrend äußert sich im Durchsetzen von Ausgangssperren während des Tages, um den Schulpflichtigen den Aufenthalt auf den Straßen zu verbieten. In Monrovia, einem Vorort von Los Angeles, reichten Eltern gegen eine solche Ausgangssperre eine Verfassungsklage ein, um sich dagegen zu wehren, daß ihre Kinder innerhalb weniger Wochen bis zu 22mal von Polizisten angehalten und zur Rede gestellt wurden. Das Motto lautet: »Wer lernt, sündigt nicht« und führt dazu, daß in Philadelphia Schulschwänzer zum Unterricht durch Ordnungskräfte gebracht werden: Jeden Tag von 9 Uhr an patrouillieren Polizisten in der Nähe von Schulen, U-Bahn-stationen, Einkaufspassagen und fragen Schulschwänzer, warum sie dort und gerade nicht in der Schule sind. »Zu spät zu sein« oder »einen Arzttermin zu haben« gilt hier nur als Entschuldigung, wenn ein schriftlicher Nachweis der Eltern oder des Arztes es bestätigen. Nach Aufnahme der Personalien werden die Kinder von der Polizei entweder zu ihrer Schule gebracht oder, wenn sie in der Innenstadt aufgegriffen werden, in das »Truancy-Center«. Dort informieren die Polizisten Eltern und Schule, es gibt ein warmes Mittagessen, und im Sonderunterricht lernen die Jugendlichen binomische Formeln oder müssen einen Aufsatz darüber schreiben, welchen Beitrag sie für die Gesellschaft leisten wollen[8].

Begründet wird die neuerdings härtere Gangart damit, daß Schulschwänzen einer von vielen Risikofaktoren ist, die bei Gewalt an Schulen und bei Gewalt unter Jugendlichen generell eine Rolle spielen. Das Vorgehen wird als präventive Maßnahme für die Jugend-lichen begründet, denn diejenigen, die Schule schwänzen, haben meist auch schlechte Noten, brechen häufiger ihre Schulausbildung ab, besitzen deshalb schlechtere berufliche Chancen und sind somit eher gefährdet, kriminell zu werden[9].

Auch in *Bayern* müssen Schulschwänzer damit rechnen, daß die Polizei sie notfalls künftig zum Unterricht bringt. Die Beamten im Freistaat, so eine Zeitungsnotiz, kontrollieren während der Schul-zeit Kaufhäuser, Einkaufszentren, Internet-Cafés und andere Jugend-treffs, um säumige Schüler ausfindig zu machen. »Wenn man weiß, daß kriminelle Karrieren in der Regel mit penetrantem Schul-schwänzen beginnen, dann kann die Polizei hier präventiv eine Menge Gutes ausrichten«, wird der Sprecher des bayerischen Innen-ministeriums Christoph Hillenbrandt zitiert[10] und rechtfertigt damit ein Programm, mit dem die Zahl der beharrlichen Schul-schwänzer im Schuljahr 1998/99 um 40 Prozent gesenkt werden konnte. Die Zahl der von Kindern begangenen Ladendiebstähle ging in der betroffenen Region im gleichen Zeitraum ebenfalls deutlich zurück[11].

3. Max hängt schon im Teufelskreis

Max besuchte die 6. Klasse der Realschule mit wenig Begeisterung und Freude. Er hatte »keinen Bock« auf Schule und traf sich lieber mit einer Gruppe Gleichaltriger in der Stadt, als den Unterricht zu besuchen. Als er und sein Freund feststellten, wie einfach es ist, sich in Kaufhäusern stundenlang mit Computerspielen zu beschäftigen, begann er immer häufiger, die Schule zu schwänzen.

Die Lehrer schienen sein Fehlen zu übersehen, und als sie es einmal den Eltern mitteilten, reagierten diese nicht entsprechend energisch. Sein Vater erklärte Max, daß er zwar zur Schule gehen müsse, aber er selbst könne das gut verstehen, daß man nicht jeden Tag hingehe, er habe es schließlich früher ganz ähnlich gemacht, und es sei doch etwas aus ihm geworden. Seine Mutter war mit den drei jüngeren Geschwistern stark beschäftigt und froh, wenn sie sich um Max nicht intensiv kümmern mußte. Aufgebracht und streng reagierten die Eltern erst, als er wiederholt wegen kleinerer Ladendiebstähle auffiel und sich die Polizei bei den Eltern deswegen meldete.

Nun kontrollierten diese seinen Schulbesuch. Doch durch die Fehlzeiten bedingt, gab es nun Wissenslücken, und es fiel Max zunehmend schwerer, die notwendigen Leistungen zu bringen. Obwohl gut begabt, bekam er immer schlechtere Noten, was ihn dazu bewog, sich immer mehr den schulischen Leistungsanforderungen zu entziehen.

Während er in seiner Clique gut zurechtkam und anerkannt war, nahm sein Ansehen in der Klasse und bei den Lehrern rasch ab. So entwickelte sich ein Teufelskreis aus Enttäuschung und Frustration, der das Schulschwänzen noch verstärkte. In seiner Gruppe bekam er wichtige Bestätigung über zunehmend dissoziales und aggressives Verhalten. Lehrer und Eltern konnten dieser Entwicklung nun nichts mehr entgegensetzen[12].

Kommt ein Teufelskreis wie bei Max erst einmal in Gang, ist er mit den üblichen schulischen und ambulant-therapeutischen Möglichkeiten nicht mehr zu stoppen. Den Leidensdruck und Willen zur Veränderung verspürt eher die Mitwelt, aber noch nicht der Jugendliche.

Soll hier eine neue Entwicklung einsetzen, die gleichermaßen für Erfolge wie für neue Strukturen sorgt, muß dem Ausweichen in die »billigere Lösung«, das heißt in den raschen Applaus der Clique, ein Riegel vorgeschoben werden. Solange es die – falsche – Anerkennung zum Nulltarif auf der Straße gibt, wird wenig Bereitschaft zur Anstrengung in Schule oder Therapie entwickelt.

Max wurde konsequenterweise in die stationäre Betreuung einer heilpädagogischen Einrichtung vermittelt.

4. Sonderprojekte für Schulmüde

Es gibt neuerdings vermehrt Konzepte, Jugendliche zum Schulbesuch zu motivieren: Die Landesregierung von Nordrhein-Westfalen beispielsweise stellte im Sommer 2001 ein Projekt unter dem Namen BUS (Betrieb und Schule) vor. In Lerngruppen von nicht mehr als 15 Teilnehmern werden leistungsschwache und leistungsverweigernde Schüler an die Arbeit in einem Betrieb herangeführt. An 145 Haupt-, Sonder- und Gesamtschulen versuchen sowohl Pädagogen als auch Handwerksmeister Jugendlichen einen Hauptschulabschluß zu ermöglichen, zu dem sie im »klassischen Unterricht« längst nicht mehr zu motivieren waren. Gleichzeitig kündigt dieselbe Landesregierung ein schärferes Vorgehen gegen das »Blaumachen« an. Fehltage sollen künftig wieder auch auf Abschlußzeugnissen vermerkt sein.

Die Mischung aus sowohl härterer Kontrolle als auch vermehrter Hilfe scheint sich in der Schulpolitik durchzusetzen. Das Landesjugendamt des Landschaftsverbands Rheinland brachte beispielsweise im Herbst 2000 zum wiederholten Male Experten unter dem Thema »Stören, Schwänzen, Scheitern« zusammen. Unter anderem wurden dort 20 regionale Projekte gegen Schulmüdigkeit vorgestellt, die mit Hilfe praktischer gemeinsamer Arbeit den Spaß am Lernen wieder wecken sollen. Betont wurde, daß angemessene therapeutische Strategien stets zweierlei berücksichtigen müssen: Zum einen geht es um die Einhaltung fester Regeln, deren Überwachung und Kontrolle. Andererseits sind hier auch motivationsfördernde Angebote wichtig, um die Jugendlichen zur Mitarbeit zu gewinnen und sie persönlich zu erreichen. Positive Modelle und das Vermitteln von Problemlösestrategien besitzen hierbei eine besondere Bedeutung, vor allem, wenn sie Hemmungen und Schwellen abbauen sollen.

Beispielhaft sei das Schulverweigererprojekt der Jugendwerkstatt Köln-Mülheim[13] zitiert. Die Problemgruppe wird hier ernüchternd deutlich beschrieben:

»Schulverweigerung bedeutet bei unseren Jugendlichen, daß sie den langen Weg vom seltenen Schwänzen über Tages- und Intervallschwänzen bis zur ständigen Abwesenheit über einen längeren Zeitraum bereits hinter sich gelassen haben. Ein Bezug zur Schule ist nicht mehr gegeben oder durch den Zwang gesetzlicher Maßnahmen nur äußerlich hergestellt. Diese Jugendlichen brauchen einen anderen Lernort, hier unsere Schreinerei, um Lerndefizite aufzuholen, Ängste abzubauen und Lern- und Leistungssituationen wieder positiv zu erleben, Entwicklungen nachzuholen und eine neue Motivation zu finden und dadurch schließlich in ihrem kompletten Selbstwertgefühl bestärkt zu werden. Dazu wird ein Umfeld benötigt, das die Institution Schule in der den Jugendlichen bekannten Form nicht zu bieten vermag.«

Wie niederschwellig, wie differenziert und vernetzt die Hilfe angeboten werden muß, wenn sie gelingen soll, zeigt ein Auszug aus der Projektbeschreibung:

»Da die bereits seit ein bis zwei Jahren die Schule verweigernden Jugendlichen ihre zehnjährige Schulpflicht noch nicht erfüllt haben, ist das primäre Ziel der einjährigen Maßnahme die Erlangung eines Schulabschlusses. Zugleich soll den neun Teilnehmern ein Übergang von der Schule in das zukünftige Berufsleben oder in eine berufsvorbereitende Maßnahme, im Einzelfall zu einer weiterführenden Schule o. ä. ermöglicht werden.

Pädagogisches Ziel ist hier der Aufbau einer Lern- und Arbeitsbasis für das weitere Leben. Soziale, schulische und berufsorientierte Lernerfolge bei Jugendlichen dieser Altersgruppe und mit dieser Biografie hängen stark davon ab, ob es gelingt, im Laufe der Maßnahme stabile Beziehungen zwischen den Erziehungspersonen/BetreuerInnen und den Jugendlichen herzustellen.

Im Gegensatz zu vielen anderen Hilfsmaßnahmen, die erst nach Erfüllung der Schulpflicht beginnen, setzt das Schulverweigerer-Projekt direkt an der Basis an: möglichst nah am Beginn des sogenannten ›Schulabsentismus‹. Die teilnehmenden Jugendlichen haben seit längerer Zeit den Schulbesuch verweigert und konnten durch pädagogische Maßnahmen der jeweiligen Schulen und sonstige Schulsozialarbeit nicht mehr erreicht werden.

Die Teilnehmergruppe setzt sich somit zusammen aus schulver-
weigernden, lernschwachen und/oder verhaltensauffälligen Jugendlichen, die in für sie ausweglosen Situationen keine/n Ansprech-
partnerIn und somit keine Hilfe mehr finden konnten, zumeist also
sozial benachteiligt und individuell beeinträchtigt sind.

Durch ein kleines Team (Sozialarbeiter, Sonderschullehrer, Werk-
anleiter) und eine kleine Jugendgruppe (max. neun Schüler) sind
eine konsequente Arbeit und eine individuelle Betreuung gewähr-
leistet. Die Eltern der Teilnehmer werden durch regelmäßigen Kontakt mit in die erzieherische und berufsorientierende Arbeit einbezogen.«

Wie wichtig ein gutes Schulklima und eine allgemeine Schulzu-
friedenheit auch für die soziale Anpassungsfähigkeit und Integration sind, verdeutlicht die PISA 2000-Studie (Baumert et al 2001):
Ein gutes Schulklima steht mit einer geringeren Devianzbelastung
der Schule in Zusammenhang. Dem Schulklima kommt davon unabhängig ein Wert als eigenständiges Qualitätsmerkmal zu.

III.
WIE KÖNNEN ELTERN, LEHRER, THERAPEUTEN HELFEN?

Zuerst die Diagnose

Hilfe kann nur gelingen, wenn zuvor eine Diagnose gestellt wurde. Auch Eltern und Lehrer können ihr nachspüren. Wenn sie sich fragen, warum ein Kind die Schule nicht besucht, sollten sie verschiedene Überlegungen anstellen. Ausgangspunkt ist das Leitsymptom Fehlen in der Schule, das verschiedene Ursachen haben kann. Entscheidungsbäume (siehe unten) sollen dabei helfen, die vielfältigen Symptome und Hintergründe in die Beurteilung mit einzubeziehen und Verdachtsdiagnosen zu stellen[1].

1. *Entscheidungsbäume zur diagnostischen Grobeinschätzung*

Das Frageraster der folgenden Entscheidungsbäume ist für eine erste diagnostische Orientierung hilfreich.

Entscheidungsbaum Schulangst

Leitsymptome: Fehlen in der Schule

Mit Wissen der Eltern

↓

ja

Kind/Jugendlicher berichtet über Ablehnung durch Lehrer/Mitschüler

↓

ja

Kind/Jugendlicher fühlt sich von den Lehrern schlecht beurteilt/behandelt

↓

ja

Kind/Jugendlicher hat Angst vor bestimmten Situationen in der Schule, etwa vor dem Aufrufen durch Lehrer/ vor Pausensituationen und vor Leistungsanforderungen

↓

ja

Verdacht auf Schulangst

Entscheidungsbaum Schulphobie

Leitsymptom: Fehlen in der Schule

Kind/Jugendlicher fehlt mit Wissen der Eltern
↓
ja

Eltern wissen, wo sich das Kind aufhält
↓
ja

Kind/Jugendlicher bleibt während der Unterrichtszeit zu Hause
↓
ja

Als Begründung werden körperliche Beschwerden angegeben, für die trotz wiederholter Untersuchungen keine Ursache gefunden wurde
↓
ja

Schulleistungen sind ausreichend, und Schularbeiten werden bereitwillig nachgeholt
↓
ja

Am Nachmittag nehmen die Beschwerden ab, und Aktivitäten zu Hause sind möglich
↓
ja

Verdacht auf Schulphobie

Entscheidungsbaum Schulschwänzen

Leitsymptom: Fehlen in der Schule

Mit Wissen der Eltern
↓
nein

Kind/Jugendlicher hält sich zu Hause auf
↓
nein

Schulleistungen und Verhalten in der Schule sind problematisch
↓
ja

Mangel an Disziplin zu Hause mit Weglaufen, sozialen Problemen, Regelüberschreitungen
↓
ja

Verdacht auf Schulschwänzen

2. Checklisten zur Verhaltensbeobachtung

Mit Hilfe von Checklisten läßt sich ein erster Diagnoseverdacht vertiefen. Die Fragen lassen sich von den Eltern auch ohne Hinzuziehen von Profis beantworten. Teilweise können auch die Kinder und Jugendlichen mit einbezogen werden. Die Ausrichtung der Fragen setzt bei Älteren durchaus wünschenswerte Reflexionen frei.

Checkliste Schulangst

- Bestehen Ängste, die Schulleistungen nicht erbringen zu können?
- Besteht Angst vor Prüfungen und Klassenarbeiten?
- Bestehen Ängste vor den Reaktionen oder dem Verhalten der Lehrer?
- Bestehen Ängste in bezug auf Mitschüler, die sich aggressiv abwertend oder kränkend verhalten und Befürchtung auslösen, »gemobbt« zu werden?
- Sind der Schulbesuch und die damit einhergehenden sozialen Anforderungen mit einer erhöhten Reizbarkeit und Anspannung verbunden, und erzeugen sie das Gefühl, dieser Anspannung ausweichen zu müssen?
- Kommt es zu einer Beeinträchtigung und Reduktion sozialer Beziehungen?
- Besteht ein vermeidendes Verhalten in sozialen Situationen, in denen das Kind oder die Jugendlichen auf fremde Personen oder Gleichaltrige treffen?

Spezielle Checklisten für Experten wurden von Döpfner und Lehmkuhl entwickelt[2].

Checkliste Schulphobie

- Bestehen Schwierigkeiten bei der Trennung von einer Hauptbezugsperson oder von zu Hause in Form von Angstschreien, Wutausbrüchen, Unglücklichsein, Apathie und der Weigerung, morgens von zu Hause wegzugehen?
- Bestehen unrealistische und anhaltende Befürchtungen, daß eine wichtige Bezugsperson verlorengehen oder ihr etwas zustoßen könnte?

- Bestehen anhaltende und unrealistische Befürchtungen, daß ein Ereignis das Kind von seiner Hauptbezugsperson trennen könnte?
- Liegt eine andauernde Abneigung oder Weigerung vor, die Schule zu besuchen, aus Angst vor Trennung von einer Hauptbezugsperson oder mit dem Ziel, zu Hause bleiben zu können?
- Sind Trennungsschwierigkeiten am Abend erkennbar mit Abneigung oder Weigerung, schlafen zu gehen, ohne daß eine Hauptbezugsperson anwesend ist? Wird nächtliches Aufstehen beobachtet, das der Überprüfung der Anwesenheit der Bezugsperson gilt? Gibt es eine Weigerung oder Abneigung, auswärts zu schlafen?
- Besteht eine anhaltende und unangemessene Abneigung, allein zu sein?
- Wiederholen sich Alpträume, in denen Trennungsängste verarbeitet werden?
- Treten körperliche Symptome in Form von Übelkeit, Bauchschmerzen, Kopfschmerzen, Erbrechen bei Trennung von einer Hauptbezugsperson auf, etwa vor dem Schulbesuch, im Urlaub usw.?

Checkliste Schulschwänzen

- Hat das Kind Schwierigkeiten, sich an Regeln in der Schule und zu Hause zu halten? Reagiert es häufig aggressiv und entzieht sich notwendigen pädagogischen Maßnahmen?
- Sind Verhaltensweisen wie Stehlen, Lügen, Weglaufen sowohl im häuslichen als auch außerhäuslichen Umfeld aufgefallen?
- Besteht der Kontakt zu einer Gleichaltrigengruppe, in der solche sozial auffälligen Handlungen gemeinsam durchgeführt werden?
- Bestehen Hinweise auf einen vermehrten Alkohol- oder Drogenkonsum?
- Werden Leistungsanforderungen in der Schule bzw. Hausaufgaben unterlaufen und nicht angemessen umgesetzt?
- Bestehen aggressive Handlungen gegenüber anderen Personen bzw. Sachen?

3. Erweiterte professionelle Diagnostik

Eine vertiefte Diagnostik bedarf der Mitarbeit professioneller Fachkräfte. Die Kompetenz von Eltern und Laien endet, wenn es um die Anwendung standardisierter Tests geht.

Einige dieser Verfahren seien hier vorgeschlagen.

Individuelle Angstdiagnostik

Um Einstellungen, Verarbeitungsmodi und Auswirkungen möglicher Angstauslöser zu erfassen, sollte ein entsprechendes Angstinventar durchgeführt werden. Hierzu bietet sich etwa das **Differentielle Leistungsangstinventar DAI** von *Rost* und *Schermer* an, das Angstauslösung, Angsterscheinungsweisen, Angstverarbeitung und Angststabilisierung getrennt durch verschiedene Fragen erfaßt und somit relevante Aspekte und Hintergründe der Symptomatik erfaßt.

Im **Angstfragebogen für Schüler** (Wieczerkowski et al. 1981) werden ebenfalls generelle und situationsspezifische Ängste sowie Leistungs- und Prüfungsängste und Schulangst erhoben.

Schulunlust kann folgendermaßen erfragt werden:
- Schon der Gedanke an die Schule macht mich morgens oft mißmutig.
- Es wäre schön, wenn ich nicht mehr zur Schule zu gehen brauchte.
- Das meiste, was man in der Schule lernen muß, kann man im späteren Leben doch nicht gebrauchen.
- Oft bin ich im Unterricht schlecht gelaunt.
- Es gibt in der Schule eigentlich nur wenige Dinge, die einem wirklich Spaß machen.
- Wenn der Lehrer jemand nach vorn zur Tafel rufen will, denke ich meistens: Hoffentlich nimmt er nicht mich.

Als Antwort wird jeweils »zustimmend« oder »nicht zustimmend« angegeben.

Prüfungsängste werden unter anderem wie folgt erfragt:
- Ich habe Angst davor, daß überraschend eine Klassenarbeit geschrieben wird.
- Wenn ich aufgerufen werde und nach vorn kommen muß, habe ich immer Angst, daß ich etwas Falsches sage.

- Nach einer Klassenarbeit habe ich immer wieder das Gefühl, daß ich doch wieder zuviel falsch gemacht habe, was ich vorher konnte.
- Wenn eine Klassenarbeit geschrieben wird, vergesse ich oft Dinge, die ich vorher gut gelernt habe.
- Manchmal ist mir so, als ob die anderen in meiner Klasse alles viel besser können als ich.
- Ich mache mir oft Sorgen, ob ich auch versetzt werde.
- Wenn mein Name fällt, habe ich sofort ein beklemmendes Gefühl.
- Wenn wir eine Klassenarbeit schreiben, weiß ich meistens schon von Anfang an, daß ich es doch nicht gut machen werde.
- Ich glaube, ich könnte in der Schule mehr leisten, wenn ich nicht zuviel Angst vor Prüfungen und Arbeiten hätte.
- Schon wenn die Klassenarbeitshefte verteilt werden, bekomme ich starkes Herzklopfen.
- Manchmal wünschte ich, daß ich mir nicht zuviel Sorgen über Klassenarbeiten machte.
- Wenn eine Klassenarbeit geschrieben wird, mache ich oft Fehler, weil ich soviel Angst habe.
- Wenn geprüft wird, bekomme ich jedesmal ein seltsames/unangenehmes Gefühl im Magen.
- Vor Klassenarbeiten bin ich immer aufgeregt.
- Ich habe vor Prüfungen immer Angst, daß ich schlechte Zensuren bekomme.

Familiendiagnostische Aspekte

Ein weiterer Schwerpunkt in der Diagnostik sollte auf das familiäre Beziehungsgefüge, insbesondere die Art der familiären Interaktion gelegt werden. Die familiendiagnostischen Fragen sollten dabei klären, wie eng die familiären Beziehungsmuster ausgeprägt sind. Von besonderem Interesse ist hierbei das Konzept der Kohäsion, das heißt, wie verbunden oder losgelöst die familiäre Struktur ist.

In der familientherapeutischen Forschung wurde hierzu das **Fragebogeninventar Faces** (Family Adaptability and Cohesion Scales, Olsen 1985, Cierpka 1996) häufig angewandt. Es erfaßt die Kohäsion und Adaptabilität von Familiensystemen und ermöglicht die Einstufung nach verschiedenen Familientypen vor dem Hintergrund ihrer Funktionalität beziehungsweise Dysfunktionalität. Hierbei werden die Dimensionen Zusammenhalt, Kohäsion und Anpassungsfähigkeit (Adaptabilität) mit folgenden Begriffen erfaßt:

- emotionale Bindung
- Familiengrenzen
- Zeiteinteilung
- Freundschaften
- Entscheidungsfindung

- Interessen und Freizeitgestaltung
- Kontrolle, Familienführung
- Disziplin
- Rollenverteilung
- Regeln

In dem multiaxialen Klassifikationsschema für psychische Störungen des Kindes und des Jugendalters wird in einem speziellen Schema die psychosoziale Situation des Kindes beurteilt (Remschmidt et al. 2001).

Wichtig erscheint hierbei, wie angemessen die Interaktion zwischen dem Kind oder dem Jugendlichen und den Eltern abläuft und welche nicht altersangemessenen Abhängigkeiten beziehungsweise Anforderungen vorliegen. Eine grobe Orientierung geben insgesamt neun Hauptkategorien über belastende abnorme psychosoziale Umstände[3].

Diese beinhalten unter anderem[4]:
- Mangel an Wärme in der Eltern-Kind-Beziehung,
- Disharmonie in der Familie,
- Ablehnung des Kindes oder auch Mißhandlungen.

Außerdem werden die intrafamiliären Kommunikationsmuster erfragt, die mit Fehlanpassungen in Verbindung gebracht werden, wie:
- widersprüchliche Botschaften,
- Nichteingehen auf gerade Gesagtes,
- unangebrachtes Zurückhalten von Informationen und
- Verleugnung familiärer Schwierigkeiten.

Ein weiterer Bereich erhebt die abnormen Erziehungsbedingungen. Hierzu gehören:
- elterliche Überfürsorge in Form von starker Einschränkung der Freizeitbeschäftigung,
- unangemessene Kontrolle über Freundschaften,
- Entmutigung,
- Verbot, auswärts zu übernachten,

- Förderung altersinadäquater Beschäftigung mit dem Kind,
- altersinadäquate Auswahl von Kleidung und Beschäftigungen,
- Verbote unabhängiger Entscheidungen des Kindes,
- Abnahme altersadäquater Verantwortung und Verhinderung von Freizeitaktivitäten außerhalb der elterlichen Kontrolle und Aufsicht.

Es ist gut nachzuvollziehen, daß solche Einschränkungen die soziale Kompetenz und Sicherheit der Kinder und Jugendlichen behindern und somit ein Rückzugsverhalten verstärken.

Hierzu gehören auch Erziehungsmaßnahmen, die das Kind infantilisieren, wie:
- regelmäßiges Schlafengehen gemeinsam mit dem Kind,
- altersinadäquate Begleitung zur Schule,
- ungewöhnlich häufiges und unangemessenes Überprüfen der Freizeitaktivitäten,
- ständiger Kontakt zum Lehrer,
- unangemessene Vorstellungen beim Arzt wegen kleinerer körperlicher Beschwerden,
- übermäßige Schonung des Kindes, sich mit altersentsprechenden Herausforderungen auseinanderzusetzen.

Der Fragenkatalog schließt darüber hinaus noch weitere Bereiche ein wie unzureichende elterliche Aufsicht und Steuerung, eine Erziehung, die nur unzureichende soziale Erfahrungen vermittelt, und nicht altersgemäße Anforderungen durch die Eltern. Auch isolierte Familien mit Mangel an befriedigenden Sozialkontakten nach außen, geringen Freundschaften und starker Isolation stellen eine Belastung dar, die das Erlernen sozialer Sicherheit erschwert. Rückzug von der Schule ist jedoch auch dann möglich, wenn akute belastende Lebensereignisse auftreten, wie etwa der Verlust einer liebevollen Beziehung.

Familiäre Belastungsfaktoren können die Schulproblematik verstärken und Veränderungen erschweren. Deshalb sollten diese psychosozialen Bedingungen sowohl im Gespräch als auch durch verschiedene Fragebogenverfahren erfaßt werden.

Mit Hilfe von **Erziehungsverhaltenslisten**[5] können *Einstellungen und Haltungen von Müttern* erfaßt werden. Im Kindesalter bietet sich der **Family-Relations-Test** an, um die Perspektive des Kindes über das familiäre Zusammenleben kennenzulernen. Das Kind stellt sich seine Familie aus einer Reihe von Karten mit Personen zusammen und weist dann diesen Personen Beschreibungen zu, auf denen positive oder negative Gefühle vermerkt sind, die von dieser Person ausgehen oder auf sie gerichtet sind. Bei diesem kindgemäßen Verfahren läßt sich ein Beziehungs- und Erfahrungsnetz des familiären Alltags herstellen, das Informationen über Bindung, Nähe und Distanz sowie Gefühle aus Sicht des Kindes gibt.

Leistungsdiagnostik

In jedem Fall ist bei Kindern mit dem Leitsymptom *Fehlen in der Schule* eine ausführliche testpsychologische Untersuchung notwendig, um Begabungsprofil und schulische Teilleistungen zu bestimmen. Informationen über das Leistungsvermögen erleichtern die Einschätzung, ob das Kind in der Schule über- oder unterfordert ist, ob es bestimmten Fächern aufgrund von Teilleistungsschwächen ausweicht oder ob es ihm aus anderen Gründen nicht gelingt, sein Leistungsvermögen in entsprechende Schulnoten umzusetzen. Insofern ist auch die Testbeobachtung wichtig, aus der hervorgeht, ob Konzentrationsschwierigkeiten, Anspannung, Mißerfolgserwartung oder eine erhöhte Ängstlichkeit das Leistungsniveau negativ beeinflussen.

Bei der *Intelligenzdiagnostik* sollte in der Regel ein mehrdimensionaler Intelligenzprofiltest durchgeführt werden, der neben dem allgemeinen Entwicklungsniveau auch verschiedene Teilleistungen erfaßt und somit eine differenzierte Beurteilung der kognitiven Fähigkeiten möglich macht. Bei jüngeren Kindern bietet sich hierfür die **Kaufmann-Assessment-Battery for Children (K-ABC)** an, die sowohl sprachabhängige als auch sprachfreie Leistungsbereiche untersucht und die an einer großen Stichprobe normiert wurde.

Ein entsprechendes Verfahren ist der **Hamburg-Wechsler-Intelligenz-Test für Kinder (HAWIK-III)**, der in 13 Subtests verbale und handlungsbezogene Teilaspekte der Begabung untersucht. Auch hier liegen gute Vergleichswerte vor, so daß sich, ausgehend von einem differenzierten Intelligenzprofil, auch weitere diagnostische Schritte ableiten lassen, wenn sich Hinweise auf umschriebene Teilleistungs- oder Entwicklungsstörungen ergeben.

Besteht der *Verdacht auf eine Störung des Sozialverhaltens*, dann sollte mit einer Checkliste sowohl oppositionell-aggressives Verhalten als auch sozial auffälliges Verhalten zusätzlich erfaßt werden.

Zum ersten Bereich gehören häufige oder schwere Wutausbrüche, häufiger Streit mit Erwachsenen, Widersetzlichkeit bei Regeln und Anweisungen, provozierendes Verhalten gegenüber anderen, erhöhte Reizbarkeit und mangelnde Einsicht bei eigenem Fehlverhalten. Bei den dissozialen Verhaltensweisen bestehen körperliche Auseinandersetzungen mit anderen Kindern, Zerstören fremden Eigentums, häufiges Lügen, Wegnehmen von Gegenständen, Übertreten elterlicher Verbote, Weglaufen oder Wegbleiben von zu Hause sowie häufiges Schulschwänzen.

Checklisten zur Verhaltensbeobachtung

Um eine Orientierung über das Vorliegen von typischen Symptomen zu erhalten, ist die Anwendung von entsprechenden Beurteilungsbögen hilfreich und stellt eine erste Orientierung dar, die durch weitere Untersuchungsbausteine ergänzt werden muß (Döpfner und Lehmkuhl 2000). Wenn hier die einzelnen Verhaltensmerkmale abgefragt werden, dann ermöglicht dies eine Differenzierung der zugrundeliegenden Schwierigkeiten, ohne daß gleich eine eindeutige Diagnose festgestellt werden kann. Vielmehr ist es wichtig, das Spektrum möglicher begleitender Verhaltensauffälligkeiten zu erkennen, die im Rahmen des Leitsymptoms *Fehlen in der Schule* auftreten können.

Im Anhang finden sich Beurteilungsbögen für Eltern, Lehrer und Erzieher sowohl für den Bereich Angststörungen als auch soziale Auffälligkeiten und eine entsprechende Checkliste zur Selbstbeurteilung von Kindern und Jugendlichen im Alter von 11 bis 18 Jahren. Durch den Vergleich von Selbst- und Fremdeinschätzung wird außerdem deutlich, in welchen Bereichen Abweichungen beziehungsweise Übereinstimmungen bestehen: Nehmen die Eltern die Belastungen in einem ähnlichen Ausmaß wahr wie ihre Kinder und Jugendlichen und haben diese einen Zugang zu Symptomen, die mehr von der Umgebung registriert werden?[6]

Professionelle Hilfen

Die verschiedenen Ursachen, die zum Phänomen Schulverweigerung führen, verlangen unterschiedliche pädagogische und therapeutische Antworten. Im folgenden sollen Leitgedanken des jeweiligen Handelns umrissen werden.

1. Was kann die Schule tun?

Bei Schulangst

Leistungsdiagnostik erheben beziehungsweise veranlassen: Liegt eine Überforderung vor? Gibt es – versteckte – Teilleistungsschwächen? Wurden Teilleistungsstärken verallgemeinert oder überschätzt?

Schullaufbahnberatung: Wurde die richtige – weiterführende – Schule, wurden die richtigen Fächerschwerpunkte (etwa bei Fremdsprachen) gewählt?

Soziale Analyse des Schul-, Klassenklimas: Ist es elitär, lieblos, freudlos, konturenlos? Haben wenige Wortführer das Sagen? Wird gemobbt? Gibt es »Mode-Terror«? Regieren – unbemerkt – Pausenhof-Gangs?

Selbstkritische Lehrerreflexion: Bin ich zu streng? Kommen meine Witze falsch an? Gibt es divergierende Führungsstile, auch konkurrierende Einflüsse unter den Lehrern?

Sozialpädagogische Einflußnahme auf die Klasse: Klassengespräche, gegebenenfalls Streitschlichtergespräche initiieren. Einbindungen der Ängstlichen in Projekte, Arbeitsgemeinschaften. Psychosozialen Kompetenzgewinn auf Klassenfahrten oder Veranstaltungen außerhalb des Unterrichts fördern. Ängstliche Schüler gegebenenfalls am Schultor abholen lassen (z. B. durch den Banknachbarn oder den Klassensprecher).

Elternberatung: In einigen Fällen kann die Schule bei Freundschaften und Hobbys vermittelnd helfen. Bei Eltern, die möglicherweise selbst ängstlich sind, sollte man versuchen, sie ins Schulleben einzubinden, ihnen gegebenenfalls Aufgaben der Mitwirkung zu übertragen.

Klassenkonferenz mit den beteiligten Fachlehrern. Wo sind am ehesten Erfolge, Ermutigung zu erzielen? Gibt es besondere, ausbaufähige Vertrauensverhältnisse? Können für jüngere, ängstliche Schüler ältere als Paten oder Tutoren gewonnen werden?

Die Grundhaltung heißt Verstehen, Selbstkritik üben, Verändern: Im Gegensatz zu den anderen beiden Symptomen (Schulschwänzen und Schulphobie) liegen bei der Schulangst die Ursachen überwiegend im System Schule selbst begründet. Hier setzt die Reflexion an.

Die Federführung liegt ausschließlich bei der Schule im Verbund mit den Eltern. Von hier aus werden externe Testdiagnostik, kinderärztliche oder psychotherapeutische Konsultationen angeraten, gegebenenfalls vermittelt.

Bei Schulphobie

Leistungsdiagnostik: Sie wird erhoben, um eine Schulangst auszuschließen. Liegt deutliche Überforderung vor, handelt es sich vermutlich eher um Schulangst bzw. um eine kombinierte Form von Schulangst und -phobie.

Soziale Analyse: Scheiden Mobbing, Hänseleien, lieblose Klassenatmosphäre als primäre Angstauslöser aus? Gibt es Freundschaftsangebote aus den Reihen der Klasse? Treten die Ängste generell oder nur bei bestimmten Lehrern, zu bestimmten Zeiten auf?

Elterngespräch: Die Eltern geben oftmals eigene Ängste beim Thema Schule zu erkennen. Wirken sie überbehütend, selbst trennungsängstlich? Strahlen sie Sicherheit aus, können sie auch robuste Umgangsformen zulassen und dem Kind zutrauen. Gegebenenfalls einen Hausbesuch machen.

Grundhaltung – Verstehen, aber nicht akzeptieren: das heißt, warmherzig und vorsichtig an die Problematik herantasten. Verdichtet sich der Eindruck, daß es sich um eine primäre Trennungsproblematik handelt, sollte die Schule sich sehr konsequent – »als Behörde« – geben:

* keine Toleranz gegenüber Fehlzeiten;
* normales Leistungspaket einfordern;
* keine Sonderregeln;
* Atteste und Schulbefreiungstestate von Ärzten sind zu akzeptieren.

Bei auffallend häufigen Wiederholungen und Verlängerungen gegebenenfalls über die Schulleitung das Gespräch mit dem Arzt suchen;

- keine Akzeptanz von »Attesten« aus nicht legitimierten Fachdiensten, wie verschiedenen nicht anerkannten Psychotherapiepraxen;
- seitens der Schulbehörden keinen Hausunterricht anordnen, der die Problematik verfestigen würde. Gegebenenfalls den ambulanten Besuch einer nahe gelegenen Klinikschule vermitteln.

Die Federführung liegt klar getrennt

- a) bei der Schule, was Regelmäßigkeit und Leistungsbeurteilung betrifft,
- b) bei der Psychotherapie, was die Bearbeitung der Trennungsproblematik angeht.

Schule und Psychotherapeut sollten voneinander wissen. Sie müssen sich jedoch nicht mit gegenseitiger Rücksichtnahme und Abstimmung überfordern. Das mag befremdlich klingen. Diese Haltung will aber vor einem bei diesem Symptom leicht eintretenden »Graben- und Glaubenskampf« der Fachleute untereinander schützen. Schulphobiker in ihrer Mischung aus Angst, Anlehnungsbedürftigkeit und Machtgehabe polarisieren sehr rasch. Es ist nichts gewonnen, wenn die Fachleute sich streiten (»Schonen oder Nicht-Schonen«) und das Kind sich mit der Problematik dahinter versteckt.

Die Anmerkung »keine Akzeptanz von diversen Psycho-Bescheinigungen« ist nicht als generelles Mißtrauen gegen Psychotherapie-Praxen zu verstehen. Es gilt aber, in Einzelfällen lang anhaltende Atteste über Schulbesuchsunfähigkeit zu hinterfragen. Das steht einer Schule rechtlich jedoch nicht zu.

Schulverweigerung als Ausdruck von Trennungsangst wird nicht überall und sogleich in der hier beschriebenen Dynamik gesehen. Sie kaschiert sich – das ist ihre Eigenart – beinahe perfekt. Hier gilt es, nicht besserwisserischen Fachstreit anzufangen, sondern offen, fair und behutsam zwischen den beteiligten Fachkräften zu diskutieren.

Stationäre Maßnahmen in Jugendpsychiatrien oder Einrichtungen der Jugendhilfe sind nicht als Scheitern früherer ambulanter Maßnahmen zu sehen, sondern als Ergebnis fundierter differentialdiagnostischer Erwägungen, denn das Phänomen gehört zu einer der hartnäckigsten psychischen Störungen.

Nach unseren Erfahrungen sollten Schulen skeptisch sein, wenn Ambulanz-Psychotherapiepraxen nach einem halben Behandlungsjahr es immer noch für zu früh halten, den Schulbesuch jetzt forcierend einzufordern. Die anfängliche Offenheit der Schulen für Sonderregeln droht dann frustriert in Verärgerung umzukippen.

Bei Schulschwänzen

Eltern beraten: Verspricht nur begrenzten Erfolg, wenn gravierende Erziehungsinkompetenz Symptomverursacher ist.

Schulpsychologische Dienste einschalten: Wenn ambulante Hilfen jedoch nicht angenommen oder eingehalten werden können (was bei chronifizierter Symptomatik zu erwarten ist), sollte nicht lange mit den nächsten Schritten gewartet werden, keine Alibi-Funktionen von »dahinplätschernden« Therapiemaßnahmen zulassen.

Jugendamt einschalten: die Möglichkeiten des Kinder- und Jugendhilfegesetzes nutzen, von Einzelfallhilfe bis Heimunterbringung.

Sonderprojekte außerhalb von »klassischer Schule« nutzen: Im Verbund mit diversen Ämtern (Schul-, Jugend-, Sozialamt) und freien Trägern werden besonders für Jugendliche der letzten Klassen Sondermaßnahmen angeboten. Die Titel lauten u. a. »Maßnahmen für Schulmüde«.

Grundhaltung: Null Toleranz gegenüber Regelverletzung.

Entweder eine sofortige Rückführung in die Schule oder »Schule als Krampf beenden«; keine halbherzigen Lösungen; sie bringen Zeitverlust und begünstigen dissoziales Abdriften.

Die Federführung liegt bei Ämtern der Jugendhilfe. Die Schule kann und muß natürlich die breite Palette ihrer didaktischen und pädagogischen Möglichkeiten anbieten. Sie wird bei hartnäckigen Schulschwänzern damit jedoch auf Grenzen stoßen, wenn nicht gerade intensive Einzelfallhilfe und Streetworker-Angebote integraler Bestandteil des Schulkonzepts sind. Angesichts ihrer Ausstattung für Unterricht und Erziehung von in der Regel weniger geschädigten Kindern und Jugendlichen wird sie diesem Problembereich nicht gerecht werden können.

2. Was können Psychotherapie und Psychiatrie tun?

Die notwendigen therapeutischen Schritte werden in Abhängigkeit von den eigentlichen Hintergründen für die Schulverweigerung ausgewählt.

Wenn die Problematik auf eine *Überforderungssituation* zurückzuführen ist, sollte die Frage gestellt werden, ob die Schulform angemessen ist, ob anstatt einer Therapie nicht Wechsel auf eine andere Schule oder andere schulbezogene Unterstützungen sinnvoller sind.

Ängste vor Mitschülern, Lehrern usw. sollten ebenfalls gemeinsam mit der Schulleitung angesprochen werden. Hierbei sind verhaltenstherapeutische Vorgehensweisen sinnvoll, damit umschriebene und generelle Ängste abgebaut werden. Bei verstärktem Rückzug aus Unsicherheit und mangelndem Selbstwertgefühl sind tiefenpsychologische und analytische Ansätze wichtig.

Besteht eine *Schulphobie* im engeren Sinne, dann sollte dem Wiederaufnehmen des Schulbesuches erste Priorität eingeräumt werden. Hierzu sind häufig gezielte Absprachen mit der Schule nötig sowie ein Wiederheranführen des Kindes beziehungsweise Jugendlichen an die Schulsituation. Zunächst ist ein verhaltenstherapeutisches Vorgehen hilfreich, das durch familientherapeutische und analytische Ansätze ergänzt werden muß. Ziel ist es, die dysfunktionalen familiären Interaktionen zu verändern, altersgemäße Autonomie und Abgrenzung zu erreichen und die vorhandenen Zweifel und Selbstunsicherheiten zu verringern.

Besteht die schulphobische Symptomatik über einen längeren Zeitraum und läßt sie sich im familiären Rahmen nicht verändern, dann ist auch an eine stationäre Aufnahme zu denken, um eine Veränderung der eingefahrenen Situation zu ermöglichen.

Beim *Schulschwänzen* stehen sonderpädagogische Maßnahmen im Vordergrund, die einen festen Rahmen schaffen, um beim Kind oder Jugendlichen Motivation und Kooperationsbereitschaft zu verstärken. Im chronischen Zustand sind sie nur in der Vernetzung mit Maßnahmen der Jugendhilfe wirksam.

3. Übersicht therapeutischer Schwerpunkte

Formen der Schulverweigerung	Schwerpunkt im therapeutischen Vorgehen
Schulangst wg. Leistungsdefiziten/ Überforderung	Schul- oder Klassenwechsel, angemessene Leistungsan- forderungen, pädagogische Maßnahmen
Schulangst bei Lernblockaden (ohne Überforderung), Prüfungsängsten, Ängsten vor Situationen in der Schule	verhaltenstherapeutisches Vorgehen
Schulphobie	Sofortmaßnahme: Wiederher- stellung des Schulbesuchs unter Abbau der Widerstände durch pädagogische und verhaltens- therapeutische Maßnahmen. Flankierend, später intensiver: bezogene Interventionen zur Be- arbeitung der engen Beziehungs- muster, tiefenpsychologische und analytische Ansätze, um neuro- tische Widerstände, Selbstwert- probleme und innere Konflikte zu lösen
Schulschwänzen	Pädagogische Maßnahme, unter Umständen unter Einbeziehung der Jugendhilfe

Und später? –

Eine Rückschau auf ehemalige Schulverweigerer

Wie entwickeln sich ehemals schulängstliche Kinder weiter? Was wird aus den früheren Phobikern? Wenn auf die Schulverweigerung rasch reagiert wird, wenn die Kinder und ihre Eltern kompetente pädagogische und therapeutische Hilfen erhalten, kann es zu einer erfolgreichen Weiterentwicklung kommen. In der Rückschau nehmen die schulischen Fehlzeiten dann den Rang von Episoden ein, wenngleich strukturelle Auffälligkeiten bei denen blieben, die nur kurzfristig im Rahmen einer erweiterten Krisenintervention behandelt wurden[7].

Die folgenden Kurzdarstellungen sind Momentaufnahmen aus Wiederbegegnungen mit ehemaligen Schulverweigerern. Ihre Lebensläufe mögen für sich sprechen.

Susanne war als jüngstes von vier Kindern als Nachzügler von der Mutter besonders erwünscht worden. Als sie die 10. Klasse des Gymnasiums besuchte, verschärfte sich die familiäre Situation. Die depressiven Symptome der Mutter wurden schwerer; zwischen den Eltern traten vermehrt Spannungen auf. Susanne verweigerte die Schule über fünf Wochen und kam dann über den Hausarzt in die therapeutische Behandlung. Ihre Entwicklung war bis dahin relativ unauffällig verlaufen, sie zeigte bislang weder massive Ängste noch Entwicklungsstörungen. Auch sozial war sie gut integriert. Susanne begann schon bald nach Beginn der Therapie, wieder die Schule zu besuchen.

In einem Gespräch sechs Jahre später berichtete die junge Frau, daß sie mittlerweile ohne größere Schwierigkeiten das Abitur bestanden habe. Gelegentlich war sie noch für einen Tag nicht in der Schule, aber längere Fehlzeiten traten nicht mehr auf. Sie studierte nun im 4. Semester Pädagogik und Soziologie und war mit ihren Aktivitäten im privaten und beruflichen Bereich sehr zufrieden.

Rückblickend brachte sie ihre Schulangst mit einer starken Sorge um ihre Mutter in Zusammenhang und dem Gefühl einer gewissen

Erwartungsangst, den Anforderungen nicht mehr gerecht werden zu können.

Elena lebte als einziges Kind griechischer Eltern seit frühester Kindheit in Deutschland. Beide Eltern waren berufstätig. Mit 14 Jahren traten bei ihr erstmals ausgeprägte Ängste auf. Mit 15 verweigerte sie die Schule über vier Wochen vollständig, davor war über längere Zeit ein nur sehr unregelmäßiger Schulbesuch erfolgt. Elena klagte über zahlreiche körperliche Beschwerden und auch über ausgeprägte Kontaktstörungen in der Schule. Es gelang ihr nicht, mit Gleichaltrigen Freundschaften zu schließen, sie fühlte sich isoliert und wenig gemocht.

Neun Jahre nach der therapeutischen Behandlung erschien eine aufgeschlossene, gesprächige und temperamentvolle junge Frau. Ohne weitere Schulversäumnisse hatte sie den Schulabschluß gemacht und danach den Friseurberuf erlernt. Anschließend heiratete sie und bekam eine Tochter. Mittlerweile war sie wieder geschieden, aber mit ihrem Leben und ihren Aktivitäten ganz zufrieden, ohne daß spezielle Sorgen und Ängste sie beeinträchtigten. Rückblickend sah sie die Hintergründe für ihre Schulangst vor allem in ihren sozialen Kontaktschwierigkeiten und dem damaligen Gefühl, daß sie nicht in die Cliquen hineinkam, die ihr wichtig waren.

Sandra, jüngstes von zwei Kindern, hatte bereits im Kindergarten leichte Trennungs- und Kontaktängste, die in der Folgezeit zunahmen und eine intensive Behandlung mit acht Jahren notwendig machten. Auch wenn damals ihre Schwierigkeiten deutlich abnahmen, blieb sie ein sehr zurückgezogenes und ängstliches Kind. Die Symptomatik der Schulverweigerung trat im Alter von 13 Jahren auf und umfaßte einen Zeitraum von sechs Wochen. Bei guter Begabung hatte sie durch ausgeprägte Prüfungsängste Leistungsschwierigkeiten und nur wenig Kontakt zu Gleichaltrigen.

Bei einem Gespräch mit der jetzt 17jährigen vier Jahre später wirkte sie schüchtern und zurückhaltend, jedoch kooperativ. Sie zeigte sich zufrieden mit ihrem bisherigen Lebensweg. Sie hatte den Hauptschulabschluß erreicht und absolvierte gerade ein Berufsvorbereitungsjahr mit dem Ziel, den Realschulabschluß zu schaffen. Danach wollte sie gern Altenpflegerin werden und möglichst bald von zu Hause auszuziehen.

Von ihren früheren Schwierigkeiten mit dem Schulbesuch wußte Sandra selbst nicht so recht, warum er ihr damals schwergefallen ist.

Vielleicht seien es Probleme mit den Klassenkameraden gewesen, aber inzwischen komme sie in Gruppen gut zurecht. Von einem langjährigen Freund habe sie sich getrennt, sei durch den Verlust sehr getroffen gewesen, habe jedoch seit einigen Monaten eine neue Beziehung. Sie gehe gern und oft aus und sei mit ihrer aktuellen Situation sehr zufrieden.

Markus kam mit 13 Jahren wegen Schulängsten in die Behandlung. Seine ältere Schwester lebte zu diesem Zeitpunkt bereits nicht mehr zu Hause. Die Mutter berichtete, daß Markus in seiner Kindheit sehr kontaktscheu und gehemmt gewesen sei und sich eng an die Erwachsenen seiner Umgebung gebunden fühlte. Er besuchte damals die 8. Klasse der Hauptschule, hatte bereits eine Klasse wiederholen müssen, obwohl er in seinem Leistungsvermögen deutlich überdurchschnittlich begabt war. Nachdem er die Schule sechs Wochen lang vollständig verweigert hatte, wurde eine kurzfristige 14tägige stationäre und eine längere sich anschließende ambulante Behandlung durchgeführt. Es gelang ihm nach wenigen Wochen, den Schulbesuch wieder aufzunehmen, so daß sich die Situation insgesamt deutlich entspannte.

In einem Gespräch fünf Jahre nach der Behandlung steckte Markus in den Abschlußprüfungen seiner Lehre als Textilreiniger. Er nahm bereitwillig an der Nachuntersuchung teil, wirkte jedoch einsilbig und traurig-verstimmt. Er hatte mittlerweile den Realschulabschluß ohne Schwierigkeiten bestanden und beurteilte rückblickend die damaligen Schulprobleme als fehlende Motivation. Er lebte im Haus seiner Eltern in einer Anliegerwohnung, nachdem eine Wohngemeinschaft mit einer Freundin gescheitert war. Obwohl die Trennung von seiner letzten Freundin schon längere Zeit zurücklag, fühlte er sich immer noch stark getroffen und trauerte mehrere Monate um den Verlust. Während der Arbeit waren keine Fehlzeiten eingetreten, jedoch klagte Markus über häufigere depressive Verstimmungen, die er durch vermehrte Arbeit zu überwinden versuchte.

IV

BRAUCHEN WIR EINE ANGSTKULTUR?

Schule ohne Angst? Nein danke! –

Auf der Lokalseite einer Tageszeitung waren an einem Sommertag zwei Nachrichten zu lesen. Groß aufgemacht war die Reportage von einem Unglück: Vier Studenten hatten bei einer Zimmerparty den beengten Raum verlassen und die winzige Austrittsplattform, die zur Feuerleiter führte, kurzzeitig als »Balkon« nutzen wollen. Deren Belastbarkeit war jedoch auf maximal zwei Personen ausgelegt. Die Verankerung der Plattform riß aus, und die jungen Männer stürzten in die Tiefe, zwei davon tödlich.

Neben diesem fast seitenfüllenden Bericht stand klein die Meldung, daß städtische Grünanlagen nach Dornensträuchern abgesucht werden sollen. Eltern sähen darin eine Verletzungsgefahr für ihre Kleinen.

Die beiden Meldungen standen natürlich zufällig auf der gleichen Seite. Doch ihre Inhalte lassen sich in Beziehung setzen. Der Bericht über das Feuerleiter-Unglück konzentrierte sich überwiegend auf die Frage nach der Verantwortlichkeit. Wer hat hier wann und wie geschlampt? Über sorglose Bauherren, leichtfertige Architekten, pfuschende Ausführungsfirmen und schlafende Bauaufsichten wurde breit spekuliert. Offenkundig gaben erste Ermittlungen dazu berechtigten Anlaß. Sachverständige aus vielen Gremien kamen zu Wort. Kurz wurden die Todesfälle bedauert, lang und breit Fragen der Zuständigkeit erörtert. Kein Kommentar griff allerdings die Frage auf, die bei Gesprächen in der Nachbarschaft und in der Straßenbahn auch sehr laut wurde: »Wie können denn vier erwachsene Männer bedenkenlos auf so eine winzige Plattform steigen?«

Die Frage nach der Eigenverantwortung der Opfer steht heute eher im Hintergrund. Das soll weder sarkastisch klingen, noch will es um mildernde Umstände für verbrecherischen Pfusch am Bau werben. Aber darf die Frage nach Vorsichtsmaßnahmen, nach umsichtigem Verhalten der späteren Opfer sich ganz hinter DIN-Normen verstecken? Es handelte sich schließlich weder um Opfer eines Erdbebens noch um die eines unberechenbaren Gewaltverbrechens.

Vielleicht verführt eine Gesellschaft, in der man sich gegen Regenwetter im Urlaub versichern lassen kann, zu einer Sorglosigkeit, die die Benutzung eines Regenschirms nicht mehr übt. Vielleicht nehmen Airbag, ABS und Überrollbügel das Bewußtsein um die Gefahren hohen Tempos. Wo müssen wir uns noch vorausschauend auf Gefahren einstellen, mit Angst umgehen? Beim Spielen im städtischen Gebüsch jedenfalls nicht, das ist inzwischen »sauber«, dornenbeschnitten. Die Angst unserer Kinder gilt heute ganz anderen Themen. In einer Untersuchung der Universität Bielefeld gaben 49 Prozent der befragten Schüler an, sie hätten Angst, das Schulziel nicht zu erreichen. 65 Prozent zeigten sich unsicher, ob ihre Berufspläne realisierbar seien.

Die Ängste des modernen Menschen sind abstrakter geworden. Studenten haben Ängste vor Prüfungen, vor Existenzgründungen, wegen Wohnungssuche oder vor fallenden Aktienkursen. Die Sorge um die maximale Traglast eines Notaustritts in einem Partyraum ist da nicht unbedingt vorgesehen. Doch Angst kann nicht nur lähmen, sie schützt auch. Sie zwingt uns zur Sorgfalt, zum Abwägen.

1. Angst kann auch schützen

Piksende Sträucher auf dem Schulhof können weh tun. Sie sind eine Gefahrenquelle. Doch auf die kann sich ein Kind einstellen, solche Gefahren kann es lernen zu meistern. Was es dafür tun kann, ist nicht an ferne und abstrakte Zukunftsideen geknüpft. Das Tun ist ganz real, ganz konkret. Die Gefahr kann mit kindgemäßen Strategien, mit Vorsicht und Wendigkeit bewältigt werden. Das macht groß, das schafft Selbstvertrauen.

Manche Kinder werden schon früh auf ferne existentielle Ängste ausgerichtet, ihre Schulzeit wird auf Zeugnisquotienten und die damit verbundenen Ausbildungschancen reduziert. Sie wissen dann schon im dritten Schuljahr, welcher Numerus clausus für Medizin und Jura gilt, doch haben sie keine Techniken entwickelt, wie sie auf dem Schulweg mit dem kläffenden Hund umgehen, wie sie in der Straßenbahn Problemzonen meiden, wie sie bei den kompromißlosen Regeln im Tischtennis-Rundlauf auf dem Pausenhof bestehen können.

Während der Arbeit an diesem Kapitel erschien im August 2001 in der Kölner Lokalpresse ein Gerichtsbericht unter der Überschrift »Folgenreicher Unfall auf der Hüpfburg – Landgericht betont Aufsichtspflicht«. Umgerechnet ca. 4000 Euro Schmerzensgeld wurden einem Mädchen zuerkannt, das sich nach einem Sturz von einer Hüpfburg, auf der es bei einem Pfarrfest herumgetollt hatte, verletzte.

Das Schmerzensgeld sei dem Mädchen gegönnt, und an der Mahnung zur Aufsichtspflicht der Veranstalter ist nichts auszusetzen. Schlüssig erscheint auch die Urteilsbegründung: »Das Aufsichtspersonal an einer Hüpfburg muß zur ständigen Beobachtung angehalten werden, da bei Kindern in der Regel von unbesonnenem und spontanem Verhalten ausgegangen werden muß«. Nachdenklich stimmt allein die Tatsache, daß das Mädchen zum Unfallzeitpunkt bereits zwölf Jahre alt war. Das heißt, bemerkenswert ist der Vergleich zwischen dem, was Zwölfjährigen einerseits an kindlicher Sorglosigkeit noch zugestanden wird, und was ihnen andererseits an Lernmanagement und Arbeitsorganisation abverlangt wird. Laut Lehrplänen für die 7. Klasse wird ihnen allein schon in der Hauptschule folgendes zugetraut:

- Diskussionsfähigkeit entwickeln, an Gruppendiskussionen teilnehmen, themenbezogene Redebeiträge leisten können;
- Exzerpte aus Sach-, Fachbüchern, Zeitungen als Grundlagen für die Gruppenarbeit anlegen;
- Wortarten wie »Präposition, Konjunktion«, Verbformen wie »Indikativ, Konjunktiv, Imperativ ...« fachsprachlich vertreten.

(Auszugsweise zusammengestellt aus Richtlinien für die Hauptschule NRW, Fach Deutsch)

Ähnliche Anforderungen gelten für die erste Fremdsprache. In den Gymnasien beginnen zudem viele Schüler ab 12 Jahren mit der zweiten Fremdsprache.

Der Vergleich zwischen dem Richterspruch und den Richtlinienvorgaben macht die Diskrepanz zwischen abstrakten und konkreten Anforderungen deutlich, mit der Kinder unseres Kulturbereichs konfrontiert werden.

Noch viel krasser sollte diese Diskrepanz einen Monat später zutage treten. Da sprang Kindern auf dem Weg zur Schule eine fette

Schlagzeile aus den Zeitungskästen ins Auge: »Angst?« und »Es herrscht Krieg«. Am 11. September 2001 wurde eine ganze Gesellschaft von einer völlig neuen Dimension von Angst unvorbereitet getroffen. Mitten in eine abgesicherte, dornenbereinigte Welt platzten die grauenhaften Bilder von den Anschlägen in New York. Urplötzlich stand unsere »Versicherungsgesellschaft« nackt da. Sie konnte auf keine Modelle zurückgreifen. Ihr fehlten die Strategien. Ihr fehlte eine Angstkultur.[1]

2. Angst kommt immer hoch

Unsere Kölner Klinikschule wird in Presseberichten gelegentlich als »Schule ohne Angst« vorgestellt. Das ist als Kompliment gemeint. Doch es liegt genau daneben. Zwar ist es sympathisch, wenn die Besucher im Schulgebäude die offene, familiäre Atmosphäre spüren, wenn sie würdigen, wie psychisch erkrankte Schüler mit viel Ermutigung und kleinsten Erfolgsschritten wieder neue Lern- und Lebensmotivation finden, neue Schritte ohne Angst vor Blamage oder Diffamierung wagen. Das Angstniveau zu reduzieren ist durchaus wichtig. Aber besser ist es, dieses zu dosieren. Angstfreiheit an sich kann nicht das pädagogische Ziel sein.

Eine paradiesisch anmutende Angstfreiheit wird es auf Erden aus zwei Gründen nie geben. Zum einen setzt das völlige Kontrolle oder völligen Konsens mit den Mitmenschen voraus. Das gelingt nicht einmal inselhaft, wie dies Eltern erleben müssen, die ihre Kinder auf Angebotsschulen privater Träger schicken. Sie erfahren rasch, daß auch dort nicht der Treffpunkt der unschuldigen Kinderseelen ist. Zum andern darf nicht übersehen werden, daß der Seelenapparat die Auseinandersetzung mit der Angst geradezu braucht, ja, daß er Angst »von innen heraus« entstehen läßt, wenn ihm kein äußerer Anlaß zur Verfügung steht.

Diese speziell tiefenpsychologische Sichtweise kann hier nicht im einzelnen dargelegt werden, sei aber mit folgendem Zitat aus Anna Freuds Lehrbuch »Wege und Irrwege der Kinderentwicklung« kurz erläutert. Die Tochter Sigmund Freuds, selbst Lehrerin und Pionierin der Kinderpsychotherapie, schreibt:

»Noch aussichtsloser ist es, Kindern die beabsichtigte Angstfreiheit zu verschaffen. Wo die Angst vor der elterlichen Strenge verschwindet, steigt die Gewissensangst; wo die Strenge des Über-Ichs sich mildert, finden die Kinder sich überwältigt von der Angst vor der eigenen Triebstärke, der sie ohne den Einspruch von äußeren oder inneren Instanzen hilflos ausgesetzt bleiben.«[2]

Kinder verinnerlichen – und das ist ein Ziel von Erziehung – im Laufe der Entwicklung die elterlichen Haltungen und Gebote. Begrenzt gilt das auch für gesellschaftliche Normen. Gelingt dies nicht, müßte hinter jedem Bürger immer und überall ein Polizist stehen. Ehe der Mensch im Laufe des Erwachsenwerdens hier zu einem eigenen Profil findet, macht er viele Phasen durch, in denen probiert, abgetastet, ausgereizt wird. Kinder sind dann zuweilen mit sich und anderen sehr streng, strenger, als die Eltern sich jemals ihnen gegenüber gaben. Gerade engagierte, differenzierte Eltern erschreckt es dann zu sehen, wie ihre Kinder nur in der Kategorie von schwarz-weiß, böse-gut denken. Kinder phantasieren sich mitunter Strafen für Verfehlungen aus, die den Grausamkeiten von Märchenbildern in nichts nachstehen.

In bestimmten Entwicklungsphasen müssen Kinder solche Strenge walten lassen, weil sie sonst – wie Anna Freud sagt – von der Angst vor der eigenen Triebstärke überflutet würden. Damit ist gemeint, daß Kinder ja durchaus auch zerstörerische Impulse in sich hochkommen spüren. Schließlich sind sie auch noch kleine Anarchisten. Solange die eigenen Wünsche befriedigt werden, ist die Welt in Ordnung. Wenn nicht, kann die »kleine Schmusebacke« auch zubeißen. Dann kommen tyrannische Impulse hoch. Wir haben das oft bei unseren sehr jungen Schulphobikern erlebt. Die gleichen Kinder, die ängstlich in Mamas Schoß kriechen möchten, wenn die Schule beginnt, werden zu herrischen Gebietern ihrer Mütter, wenn die Schule aus ist. In einem Fall hatte die Mutter auf »Befehl« des Erstkläßlers den ganzen Unterrichtsvormittag über vor der Klassenzimmertür zu sitzen. Andernfalls ging er dort nicht hinein. Er bestimmte auch, ob die Mutter auf ihrem Wartestühlchen nun zu lesen oder zu stricken hatte. Und als sie riskierte, ungehorsam zu sein, sich für einen Toilettengang einmal zu entfernen, entfuhr es ihm: »Du sollst tot sein!«

Genau das sind die Triebdurchbrüche, die die Tiefenpsychologie meint. Kinder »genießen« sie für die Sekunde des Ausbruchs, sind aber sogleich furchtbar erschrocken über die eigene Destruktivität. Sie macht Schuldgefühle und Angst. Dem Kind dämmert, daß Alleinherrscher sein auch allein zu sein heißt. Das wäre sein Untergang. Denn so klug sind die kleinen Dreikäsehochs allemal, um zu spüren, daß sie allein noch gar nicht lebenstüchtig sind. Es ist ein abenteuerlicher Weg, bevor das Vertrauen in die eigene Triebsteuerung gesichert ist, bis man unterscheidet, ob man vor Wut einen Regenwurm oder den »blöden Kevin« aus der Kindergartengruppe in Stücke schneiden könnte. Ohne Entwicklung von Angst müßte uns in der Tat angst und bange um unser Gemeinwesen sein.

3. Angst bewältigen – nicht abschaffen

Als infolge der gesellschaftspolitischen Umbrüche der 68er Jahre auch die Pädagogik zu Reformen ansetzte, wiederholte sie stellenweise ein Mißverständnis, für das die Psychoanalyse in den 30er Jahren schon einmal herhalten mußte. Man hoffte, Kinder vor zukünftigen Neurosen zu schützen, indem man sie angstfrei aufwachsen lassen wollte. Schlagworte wie »permissive« und »antiautoritäre Erziehung« oder »laissez-faire« standen für diese gewährende Grundhaltung. Statt der Auseinandersetzung mit Normen und Strukturen boten manche Erzieher sich lediglich als freundlicheres Über-Ich an. Dynamisch blieb das wirkungslos, ja es verhinderte eher eine zumutbare Auseinandersetzung mit Ängsten und damit ein Erstarken der eigenen Kräfte. Und es forcierte mitunter die Angst vor der eigenen Triebüberflutung. Manche Eltern der Kinderladen-Zeit mußten die für sie paradoxe Erfahrung machen, daß ihr Nachwuchs eher zwanghafte Strukturen entwickelte. Die Kinder wurden zu sich selber strenger, als die Eltern es je als Erzieherhaltung sich zugestanden hätten.

Anna Freud schrieb über die ähnlichen Phänomene der 30er Jahre im nachhinein folgendes:

»Die unter dem neuen Regime aufgewachsenen Kinder mögen in mancher Hinsicht anders sein als die Kinder früherer Generationen. Sie sind aber nicht freier von Angst und von Konflikten und darum neurotischen und anderen psychischen Störungen nicht weniger ausgesetzt. Der Fehler liegt hier nicht in einem Versagen des erzieherischen Handelns, sondern in unseren unberechtigten Erwartungen.«[3]

Eine »Schule ohne Angst« klingt zwar schön, sie ist aber weder möglich noch erstrebenswert. Der pädagogische Auftrag lautet statt dessen, zum Umgang mit der Angst zu befähigen. Das beginnt damit, daß ein Kind lernt, Spannungen auszuhalten. Eine Schule ironisiert sich selbst, will sie ihre unangenehmen Seiten völlig ausschalten, jegliche Spannung abfedern. Lernen, Üben, Arbeiten kann – und sollte – zwar Freude machen, doch naiv ist die Erwartung, daß das ausschließlich so ist. Mit einem Ausleben des reinen Lustprinzips ist es nicht getan. Deshalb ist es unfair, zumindest unbedacht, wenn viele Kinder des Morgens mit dem Wunsch »Viel Spaß in der Schule« verabschiedet werden. Wer die in den Regionalzeitungen stets beliebter werdenden Glückwunsch-Anzeigen zum 1. Schultag durchsieht, stellt fest, daß der »Spaß in der Schule« der am häufigsten formulierte Glückwunsch von Angehörigen ist.

In einem offenen Brief an die Erstkläßler unserer Region haben wir gegen die inflationäre Vorstellung von Schule als »Vergnügungsanstalt« einmal folgendermaßen Stellung bezogen:

»Liebe Tanjas, Bennis, Vanessas, Dustins, Lauras und andere Erste-Schuljahr-Kinder!

So eine große Tüte am ersten Schultag verspricht ja wirklich süße Zeiten. Manche von Euch bekamen sogar eine eigene Glückwunschanzeige in der Zeitung. Mama und Papa, Oma und Opa, Patentante und Patenonkel wünschten Glück und Erfolg. Und die allermeisten wünschten ›viel Spaß in der Schule‹.

Du meinst, da stimmt doch was nicht? Recht hast Du.

Erstens können Schulanfänger doch noch gar nicht lesen. Also mußten die Erwachsenen ran. Möglicherweise war ihnen die Aktion sowieso wichtiger als Dir. (Ehrlich gesagt: auch wir meinen eigentlich die Großen, wenn wir hier den Schulanfängern schreiben.)

Zweitens wirst Du in den ersten Wochen schon gemerkt haben, daß Schule nicht nur Spaß macht. Auch das stimmt!

Das muß nicht heißen, daß Du eine schlimme Lehrerin hast oder daß Deine Klassenkameraden blöd sind. Nein, die sind meistens genauso nett wie Du, und die allermeisten Lehrer geben sich mit den Ersten-Schuljahr-Kindern wirklich große Mühe.

Vielleicht hat man einfach vergessen, Euch zu sagen, daß Schule nicht nur Spaß machen kann. Die Schule ist nämlich auch verflixt anstrengend. Für manche Kinder ist sie sogar sehr mühsam. Die Erwachsenen wissen das ganz genau. Auch ihnen fällt es oft schwer, zuzuhören, nachzudenken und zu üben, ohne sich ablenken zu lassen – von keinem Telefon und von keiner Zigarette. Konzentration und Disziplin nennen sie das. Und die sind nicht so spaßig wie Fernsehunterhaltung. Schade, daß sie Euch das nicht auch sagen. Oder überlassen sie das Unangenehme lieber den Lehrern?

Wetten, daß manche Lehrer bald den Vorwurf hören, Ihr würdet in der Schule nur spielen? Und wer nur Spaß habe, lerne nichts. Komischerweise haben sie damit sogar recht.

Ob Du den Großen das mal sagst, wenn sie Dich morgens verabschieden und »viel Spaß in der Schule« wünschen? Sie werden bestimmt verstehen, wie anstrengend es ist, still zu sein, sich mit der Tischgruppe zu vertragen oder sich in der engen Turnhallenkabine eilig umzuziehen. Sie werden das kennen, aus ihrem Beruf, aus dem Verein, aus der Nachbarschaft.

Vielleicht kannst Du sie ja trösten. Du kennst das aus der Schule, wie das ist, wenn man sich angestrengt hat und nun etwas kann. Da spürt man richtig, wie man wächst. Und das ist wirklich ein großer Spaß.«

4. Anstrengungsbereitschaft und dosierte Angst

Die Schule verschenkt wichtige Entwicklungsanreize, wenn sie – möglicherweise aus Konkurrenzdruck von Nachbarschulen – dem Beliebtheits- und Spaßfaktor Priorität einräumt. Anstrengungsbereitschaft will geübt und in kleinen Portionen erarbeitet werden.

Auf diesem Hintergrund mag es nicht paradox klingen, wenn der pädagogische und therapeutische Auftrag bei Schulphobikern zuweilen in einer Förderung ihres Angsterlebens besteht. Wenn ihnen »richtige Angst« zugemutet wird, dann nicht aus autoritärer Willkür, sondern um den Kindern zu helfen, ihre übermächtige neurotische Angst gegen eine reale Angst »einzutauschen«. Die Angst, zu Hause nicht mehr der alles bestimmende Kontrolleur zu sein, kann ein Kind nicht bewältigen. Aus solch unmäßigen, neurotischen Aufträgen kann es nur als Verlierer hervorgehen. Aber in der Schule an einem Streitschlichtergespräch teilzunehmen, einen Rollentext aufzusagen oder eine knifflige Grammatikregel einzuüben, das ist zu schaffen. An solchen Aufgaben können Kinder wachsen. Leistungen zu einem festgesetzten Zeitpunkt erbringen zu müssen ist immer spannungsgeladen. Da muß und kann ein Schüler durch. Das ist wie mit dem Lampenfieber, von dem viele Künstler sagen, es sei furchtbar, fördere jedoch ihre Präsenz.

Die pädagogische Antwort auf Schulphobie kann nicht im dauerhaften Herunterfahren von Anforderungen und Ausräumen von Konflikten liegen. Die Angstspirale würde damit nur noch schneller und abstruser. Als Behandlungseinstieg sind vorübergehende Entlastungen legitim, doch nur, wenn in der psychotherapeutischen Begleitung deutlich an der neurotischen Dimension der Angst gearbeitet wird. Ohne diese »psychische Gegenleistung« ist ein Schonklima für Schulphobiker gar kontraindiziert. Als ebenso kontraproduktiv erwiese sich ein Hausunterricht, wie er von den Schulämtern aus Hilflosigkeit zuweilen bewilligt wird. Solche Scheinlösungen werden – wenn sich dynamisch nichts bewegt – langfristig die Wut der Pädagogen und die Schuld- wie Ohnmachtsgefühle der erkrankten Kinder forcieren.

Um ein solches Festfahren – möglicherweise noch in juristischen Dimensionen – zu verhindern, ist es gerade bei der trennungsproblematischen Form von Schulverweigerung angeraten, gut abzugrenzen: psychotherapeutisch die Angstbearbeitung anzugehen, pädagogisch das Angst- und Spannungsmaß zu dosieren, aber nicht darauf zu verzichten.

Angstbewältigung kann dem Alter angemessen geübt werden durch das, wodurch Schule nun einmal auch charakterisiert ist: Anstrengungsbereitschaft zu lernen und sozialen, emotionalen wie intellektuellen Herausforderungen zu begegnen. Vielleicht erübrigen sich zukünftig solche späte Zurechtrückungen von Mißverständnissen einer allzu sehr abfedernden Erziehung. Nach Veröffentlichung der Studie PISA 2000 über das schlechte Abschneiden deutscher Schüler im internationalen Vergleich scheint die Forderung nach mehr Anstrengungsbereitschaft zum Selbstläufer in der deutschen Schullandschaft zu werden. Um so wichtiger wird damit der Hinweis auf das Maß der Dosierung. Parolen wie »Forderung statt Kuschelecke« sind nicht dienlich. Das reflexartige Ausschlagen des Pendels in die entgegengesetzte Richtung birgt neue Tücken. Die erschreckend hohe Zahl japanischer Schulverweigerer warnt vor dem Verlust des Augenmaßes. Es ist politischer Opportunismus, wenn nur der hohe Leistungsrang von Schülern zitiert wird, die möglichen Nebenwirkungen eines sehr fordernden Systems jedoch außer Acht gelassen werden.

Wie weit eine Angstkultur zu pflegen ist, soll hier nicht entschieden werden. Läßt sich so etwas Archaisches wie Angst flächendeckend überhaupt domestizieren? Mag der kultivierte Umgang mit der Angst letztlich Utopie bleiben – basieren wird er stets auf einer Kultur der Anstrengungsbereitschaft. Und die läßt sich pflegen.

ANHANG

Tabelle: Häufigkeit von Trennungsschwierigkeiten und körperlichen Beschwerden

	Schulphobie N	%	Schulangst N	%
Trennungsschwierigkeiten von der Mutter	19	61	5	18
Körperliche Beschwerden vor Schulbeginn	24	75	18	69
Eßstörungen	12	31	10	30
Bauchbeschwerden	16	42	11	38
Erbrechen	5	13	7	25
Kopfschmerzen	11	19	4	14
Anstzustände	132	78	19	59
Mittlere Symptomanzahl (X)	1,9		1,3	

Quelle: Lehmkuhl/Doll/Blanz 1988

Auszüge aus Schulerlassen

Die Schulbehörden in der Bundesrepublik haben in Schulpflicht-gesetzen Maßnahmen bei Schulpflichtverletzung geregelt. Hier ein Beispiel aus Nordrhein-Westfalen:

Schulpflichtgesetz (SchpflG)
hier: Maßnahmen von Schulen und Schulaufsichtsbehörden gegen unent-schuldigtes Fehlen von Schülerinnen und Schülern (»Schulschwänzen«)

I. Unentschuldigtes Fehlen von Schülerinnen und Schülern ist in allen Schul-formen gleichermaßen festzustellen. Die nachfolgenden Ausführungen sollen den Schulen Wege aufzeigen, auf Schulpflichtverletzungen zu reagieren.

Die einzelne Schule ist verpflichtet, die Einhaltung der Schulpflicht zu kon-trollieren. Die Einhaltung der Schulpflicht umfaßt nicht nur die Teilnahme am Unterricht oder verbindlichen Schulveranstaltungen, sondern zum Beispiel auch, daß Schulpflichtige nur in Verbindung mit einem Schulwechsel aus der besuchten Schule ausscheiden können.

Schulpflichtige, die ihre Schulpflicht nicht erfüllen, sind zum regelmäßigen Schulbesuch anzuhalten. Dies kann im Rahmen von erzieherischen Einwirkun-gen erfolgen, wie

- Gesprächen zwischen Klassenlehrer/in – Eltern,
- Gesprächen Schulleitung-Klassenlehrer/in – Eltern,

- schriftliche Information an Eltern,
- Einschaltung des Jugendamtes/sonstiger sozialer Dienste oder
- Information an Schulaufsichtsbehörde.

Darüber hinaus kann der Schulleiter die zuständige Ordnungsbehörde schriftlich bitten, dem Schulpflichtigen bei hartnäckigem Fehlen die zwangsweise Zuführung anzudrohen und diese bei weiterem unentschuldigten Fehlen durchzusetzen.

Neben diesen Maßnahmen als auch unabhängig davon ist die Verhängung einer Geldbuße möglich, da es sich nach § 20 SchpflG um eine Ordnungswidrigkeit handelt. Für die Abwicklung des Verfahrens sind die Vorschriften des Ordnungswidrigkeitengesetzes (OWiG) und der Strafprozeßordnung anzuwenden. Zuständig sind die Schulaufsichtsbehörden.

Die Höhe der Geldbuße richtet sich nach § 17 OWiG, sie beträgt mindestens 10,– DM, höchstens 2000,– DM.

In Abänderung früherer Verfügungen werden Bußgelder ab 1. Februar 2000 in folgender Höhe festgesetzt:

1. Gegen Erziehungsberechtigte vollzeitschulpflichtiger und berufsschulpflichtiger Schülerinnen und Schüler
- bei unentschuldigten Fehlzeiten unmittelbar vor und im Anschluß an die Ferien:

   pro Fehltag und pro Erziehungsberechtigten 150,– DM

   Im Wiederholungsfall erhöht sich das Bußgeld.

Diese landeseinheitliche Regelung haben die Bezirksregierungen abgesprochen, um eine einheitliche Verfahrensweise in
- bei sonstigen, dauerhaften Verstößen:

Erstverstoß	300,– DM
Zweitverstoß	500,– DM
Drittverstoß	1000,– DM
Weiterer Verstoß	2000,– DM

2. Gegen berufsschulpflichtige Schülerinnen und Schüler:

Erstverstoß	200,– DM
Zweitverstoß	400,– DM
Drittverstoß	800,– DM
Weitere Verstöße	1000,– DM.

Ich bitte die Schulämter, die Neuregelung hinsichtlich der Fehlzeiten unmittelbar vor oder nach Abschluß der Ferien zu beachten.

Quelle: Amtl. Schulblatt 3/2000 Bezirksregierung Köln

Hausunterricht (Sonderunterricht)
In bestimmten Fällen kann ein Kind infolge einer Angststörung per ärztliches Attest für schulbesuchsunfähig erklärt werden. In diesen Fällen kann bei der Schulbehörde vorübergehend auch Hausunterricht beantragt werden Nachfolgende Auszüge aus dem entspre-

chenden Erlaß informieren darüber, wie dies – beispielsweise in NRW – geregelt ist.

Dringend sei hier jedoch auf die im Kapitel Schulphobie vorgebrachten Bedenken verwiesen, wenn Hausunterricht bei einer deutlichen Trennungsproblematik angeordnet wird. Das Symptom könnte damit chronifiziert werden. Die Krankheitsursache würde durch die Entpflichtung, sich in Gruppen zu begeben, verschleiert und einer Behandlung nicht mehr zugänglich. Die Probleme brächen bei späteren Trennungsanforderungen wieder auf.

Hausunterricht
(§ 10 Abs. 10 SchVG)
RdErl. d. Ministeriums für Schule und Weiterbildung v. 3.4.1996
(GABl. NW. I. S. 82)*

Zur Durchführung des Hausunterrichts gemäß § 10 Abs. 10 SchVG (BASS 1-2) gilt das folgende Verfahren:

1. Anspruch auf Hausunterricht

Auf Hausunterricht haben Anspruch:

1.1 Schülerinnen und Schüler, die wegen Krankheit voraussichtlich länger als sechs Wochen die Schule nicht besuchen können. Mehrere durch Krankheit verursachte Fehlzeiten während eines Schuljahres können zusammengerechnet werden, sofern sie jeweils mindestens zwei Wochen dauern.

2. Ärztliches Gutachten

Vor der Entscheidung über den Antrag auf Hausunterricht ist durch ein ärztliches Gutachten – in Zweifelsfällen durch eine Amtsärztin oder einen Amtsarzt – festzustellen, ob die Voraussetzungen nach Nr. 1.1 vorliegen und ob die Schülerin oder der Schüler in der Lage ist, am Hausunterricht teilzunehmen.

3. Unterrichtsfächer

Der Hausunterricht beschränkt sich in der Regel auf die Fächer Deutsch, Mathematik und Fremdsprachen sowie auf diejenigen Fächer, die im jeweiligen Klassenunterricht mit mehr als drei Wochenstunden vertreten oder Prüfungsfach sind; über Ausnahmen entscheiden die oberen Schulaufsichtsbehörden.

4. Zeitlicher Umfang des Hausunterrichts

Die wöchentliche Unterrichtszeit beträgt

4.1 für Schülerinnen und Schüler nach Nr. 1.1 während der Zeit des Schulversäumnisses in den

– Klassen 1 bis 4 (einschließl. Eingangsklassen an Sonderschulen sowie Schulkindergärten)	bis zu 5 (8) Stunden,
– Klassen 5 bis 8	bis zu 6 (9) Stunden,
– Klassen 9 und 10	bis zu 8 (12) Stunden,
– Klassen/Jahrgangsstufen 11 bis 13 (einschließl. Klasse 14 an Berufskollegs).	bis zu 10 (15) Stunden.

Konnte der Hausunterricht nicht sofort mit Beginn der Schulversäumnisse aufgenommen werden, so gelten während einer dem Ausfall entsprechenden Zeit – höchstens jedoch während zweier Monate nach Aufnahme des Unterrichts und bis zum Wiederbesuch der Schule – die in Klammern angegebenen Wochenstunden.

5. Bildungsgänge

Schülerinnen und Schüler, die voraussichtlich dauernd gehindert sind, am Unterricht einer Schule teilzunehmen, sind durch Hausunterricht so weit zu fördern, daß sie den ihrer Leistungsfähigkeit entsprechenden Bildungsabschluß erreichen.

6. Zeugnisse

Das auszustellende Zeugnis kann sich nur auf die Ergebnisse im erteilten Unterricht beziehen. Die unterrichtenden Lehrkräfte machen darüber hinaus zum Ende eines jeden Schuljahres bzw. bei Beendigung des Hausunterrichts Aussagen zu Leistungsstand und -fähigkeit der Schülerin oder des Schülers. Bei Rückkehr in die zuständige Schule nimmt die Schülerin oder der Schüler zunächst probeweise bis zum nächsten Zeugnistermin am Unterricht der bisherigen Klasse teil, sofern ein Erfolg nicht offensichtlich aufgrund der Beurteilung im Hausunterricht aussichtslos ist. Beträgt die Frist bis zum nächsten Zeugnistermin weniger als ein Schulhalbjahr, verlängert sich der Probeunterricht bis zum darauffolgenden Zeugnistermin.

Nach der Probezeit trifft die Versetzungskonferenz gemäß § 27 Abs. 2 ASchO (BASS 12 – 01 Nr. 2) die Feststellung, ob die Schülerin oder der Schüler erfolgreich in der Klasse mitarbeiten kann.

Im Zweifelsfall soll sich die Versetzungskonferenz für einen Verbleib in der bisherigen Klasse entscheiden.

Im Hausunterricht betreute Schülerinnen und Schüler, die nicht in eine Schule zurückkehren, erhalten ein Abgangs- oder Abschlußzeugnis durch die jeweils zuständige Schule. Über gegebenenfalls noch abzulegende Ergänzungsprüfungen entscheidet im Einzelfall die zuständige obere Schulaufsichtsbehörde.

7. Antragstellung

Anträge auf Hausunterricht sind über die Leitung der bisher besuchten Schule an das Schulamt zu richten, in dessen Zuständigkeitsbereich der gegenwärtige Aufenthaltsort der Schülerin oder des Schülers liegt. Gegebenenfalls erhält das für die Stammschule zuständige Schulamt eine Durchschrift des Antrags.

Die Leitung der Schule fügt dem Antrag eine Übersicht über den für erforderlich gehaltenen Unterrichtsbedarf bei und teilt dem Schulamt mit, welche Lehrkräfte der Schule den Hausunterricht erteilen können.

Falls die Schule beabsichtigt, der Schülerin oder dem Schüler selbst Hausunterricht aus den der Schule insgesamt zur Verfügung stehenden Pflichtstunden zu erteilen, teilt sie dem Schulamt die vorgesehene Regelung mit.

Sind Schülerinnen und Schüler der gymnasialen Oberstufe, des Berufskollegs betroffen, stimmt die Schulleitung den Unterrichtsbedarf inhaltlich mit der oberen Schulaufsicht ab, die gegebenenfalls eine Lehrkraft benennt.

8. Entscheidung über den Antrag

Das Schulamt entscheidet über den Antrag und ordnet den Hausunterricht im Rahmen der zur Verfügung stehenden Haushaltsmittel an.

Falls eine Schülerin oder ein Schüler, für die bzw. für den Hausunterricht angeordnet ist, in einen anderen Schulamtsbereich wechselt (z. B. Überweisung in ein anderes Krankenhaus oder Entlassung), nimmt das Schulamt mit dem nunmehr zuständigen Verbindung auf; dieses veranlaßt, daß die Schülerin oder der Schüler in eine zuständige Schule aufgenommen wird, um die erforderlichen Maßnahmen weiterzuführen.

9. Einsatz der Lehrerinnen und Lehrer

Das Schulamt ist für den Einsatz der Lehrerinnen und Lehrer zur Erteilung von Hausunterricht verantwortlich. Ist die obere Schulaufsichtsbehörde für die dienstrechtliche Entscheidung zuständig, führt das Schulamt eine Entscheidung der oberen Schulaufsichtsbehörde möglichst unter Vorlage eines Personalvorschlags herbei.

Der Hausunterricht soll vorrangig von den Lehrerinnen und Lehrern erteilt werden, die die Schülerin oder den Schüler auch sonst in der Schule unterrichten.

Sofern der Hausunterricht nicht durch eine Lehrkraft der Schule erteilt werden kann, veranlaßt das Schulamt, daß eine Lehrkraft einer möglichst ortsnahen Schule diesen übernimmt. Die Beauftragung soll möglichst im Einvernehmen mit den betroffenen Lehrerinnen und Lehrern erfolgen.

Im Hinblick auf die Besonderheiten des Hausunterrichts bestehen keine Bedenken gegen eine schulform- und schulstufenübergreifende Tätigkeit der Lehrkräfte.

Quelle: Bereinigte Amtliche Sammlung der Schulvorschriften (BASS) des Landes NRW 2001/2002

Ärztliche Atteste

Die Häufigkeit der Anfragen veranlaßte die Ärztekammer Nordrhein zu folgender Stellungnahme zur Rechtsgrundlage.:

ERKRANKTE SCHÜLER

Die Bezirksregierung Düsseldorf teilt der Kammer hierzu Folgendes mit: Bleibt ein schulpflichtiger Schüler dem Schulunterricht fern, muß die Schule hierüber gem. § 9 Abs. 1 der Allgemeinen Schulordnung (ASchO) spätestens am zweiten Versäumnistage mündlich oder schriftlich benachrichtigt werden.

Es ist zwischen entschuldbaren und unentschuldigten Schulversäumnissen zu unterscheiden. Beruht das Fernbleiben vom Unterricht auf gesundheitlichen Gründen, so ist das Schulversäumnis immer als entschuldigt anzusehen, sofern die Schule nicht nachweist, daß die Krankheit nur vorgetäuscht wurde. Liegt ein Fernbleiben aus Krankheitsgründen vor, so ist spätestens am 2. Tag die Anzeige der Erkrankung erforderlich, damit eine Kontrolle durch die Schule möglich ist.

Bei Beendigung des Schulversäumnisses ist eine schriftliche Entschuldigung vorzulegen (§ 9 Abs. 2 ASchO). Die Entscheidung, ob ein entschuldbares Versäumnis vorliegt, wird von der Schule getroffen.

Grundsätzlich ist die Vorlage eines ärztlichen Attestes zur Glaubhaftmachung der Erkrankung nicht erforderlich. Gem. § 9 Abs. 3 ASchO darf die Vorlage eines ärztlichen Zeugnisses über die Erkrankung des Schülers nur im Ausnahmefall verlangt werden, das heißt wenn begründete Zweifel bestehen, ob der Unterricht aus gesundheitlichen Gründen versäumt wurde. Die Kosten für die Ausstellung dieses Attestes sind von den Erziehungsberechtigten zu tragen.

Zur Ausstellung eines ärztlichen Attestes beziehungsweise einer Bescheinigung zur Vorlage bei der Schule ist der behandelnde Arzt auf Grund der allgemeinen Vertragsbestimmungen des BGB verpflichtet. Das Attest muß der Arzt persönlich ausstellen. Eine Bescheinigung über den Arztbesuch kann auch durch das Praxispersonal erfolgen.

In besonderen Zweifelsfällen kann der Arzt Auskunft über die Glaubwürdigkeit erteilen, allerdings setzt dies gem. § 19 Abs. 3 Schulverwaltungsgesetz die Einwilligung des betreffenden Schülers voraus. Oben genannte Atteste und Bescheinigungen können gemäß Nr. 70 GOÄ abgerechnet werden.

Quelle: Rheinisches Ärzteblatt 6/2000

Schule und Psychiatrie (SchuPs)
Schülerinnen und Schüler, die wegen Schulangst oder -phobie stationär in einer Klinik für Kinder- und Jugendpsychiatrie (KJP) behandelt werden, erhalten in der Regel dort Unterricht durch die angeschlossene Schule für Kranke (SfK).

Zunehmend unterrichtet die SfK auch über den stationären Aufenthalt hinaus, wenn damit die endgültige Wiedereingliederung der jungen Patienten ins Regelschulsystem stabilisiert wird. In Fällen von Schulphobie erweist sich auch ein externer Besuch der SfK, also ohne stationäre Behandlung, als sinnvoll. Diese Lösung ist – wenn technisch machbar – in jedem Fall dem eher hilflosen Angebot »Hausunterricht« vorzuziehen. Dieses Vorgehen ist bundesweit noch nicht legitimiert, wird jedoch – mangels Alternative – vereinzelt schon erfolgreich praktiziert. Hier sind individuelle Beratungen mit den Verantwortlichen der örtlichen Schulaufsichten angezeigt.

Die Schulen für Kranke in der Kinder- und Jugendpsychiatrie sind in einem bundesweiten Arbeitskreis organisiert, über den die örtlichen Adressen erfragt werden können:

Arbeitskreis SchuPs
c/o Karin Siepmann
Schule im Heithof
Heithofer Allee 64
59071 Hamm
Fax: 02381/893405

Anmerkungen

Alle Namen und Daten der hier geschilderten Fallbeispiele sind so geändert, daß die Anonymität gewahrt bleibt, ohne die Sachverhalte zu verfälschen.

Zu I Wenn Kinder nicht mehr in die Schule wollen

1. In den empirischen Untersuchungen konnte ein komplexes Bedingungsgefüge für Schulverweigerung festgestellt werden. Insbesondere beim Schulschwänzen ist eine differenzierte Anwendung unterschiedlicher Interventionsansätze notwendig. Hierbei wird zwischen Jugendlichen-, Familien- und schulzentrierten Vorgehensweisen unterschieden. Häufig ist eine Kombination der genannten Zugänge notwendig. Der Früherkennung und Prävention müßte ein größerer Stellenwert eingeräumt werden, insbesondere über intensive Schulung von Lehrern und Lehrerinnen. (Siehe hierzu Döpfner et al. 1998, Lehmkuhl et al. 1998a, b)
2. Die *Frankfurter Allgemeine Zeitung* titelte am 13.10.1992 einen Beitrag: »Sind Japans Karrierekinder müde?« Schmitt berichtete über Eltern und Erziehungsbehörden, die sich um das Schwänzen und die Effekte einer 5-Tage-Woche sorgen. Die steigende Anzahl von Straftaten, die von Jugendlichen unter 20 Jahren begangen werden, stehe mit dem Phänomen Schulschwänzen in einem engen Zusammenhang.
3. Siehe hierzu den *Spiegel*-Report über Deutschlands Schulen: Was sollen Kinder lernen? vom 2.4.2001. Unter dem Titel »Start-up ins Leben« wird dargestellt, was Schüler heute können müssen und daß ein neues Konzept für die Schulbildung der Wissensgesellschaft notwendig ist.
4. Lehmkuhl und Doll (1994) untersuchten die Hintergründe und Bedingungsfaktoren bei insgesamt 79 Kindern mit Schulphobie und Schulangst. Bei der Geschwisterposition ergaben sich keine besonderen Einflüsse. Einzelkinder oder jüngste bzw. älteste Kinder waren nicht überrepräsentiert.
5. In einer Praxisstudie, an der 1524 Kinder und Allgemeinärzte einbezogen waren, wurde die Schulangst als ein sehr häufiges bzw. häufiges Problem in gut 40 Prozent angegeben. Nur gut 9 Prozent der Ärzte sahen in ihr ein sehr seltenes Phänomen, so daß viele Eltern zunächst ihren Kinderarzt oder Hausarzt aufsuchen, wenn ihre Kinder körperliche Beschwerden im Zusammenhang mit dem Schulbesuch aufweisen (Lehmkuhl 1991).

Zu II Schulverweigerung - ein Phänomen, drei verschiedene Ursachen

SCHULANGST

1. Angaben des Statistischen Bundesamtes 1995.

2. Ratsprotokoll der Stadt Leverkusen, veröffentlicht im *Leverkusener Stadt-Anzeiger*, 6. 2. 1999.
3. *Kölner Stadt-Anzeiger*, Titelseite, 10.3.2001.
4. Die hier – ohne Foto – wiedergegebenen Annoncen entstammen den Glückwunschseiten des *Kölner Stadt-Anzeigers* vom 16.8.1997.
5. Kaufmann-Assessment-Battery for Children, deutschsprachige Fassung von P. Melchers und U. Preuß (1991).
6. Continuous-Performance-Test.
7. Zitiert nach: G. Prause (1998, S. 245).
8. Sehr ausführlich behandelt dieses Thema Kurt Singer (2000). Wenngleich wir Singers anklagenden Grundtenor und negative Gewichtung des Lehrerstandes nicht teilen, muß eingeräumt werden, daß die dort beschriebenen Beispiele leider noch zu den Einzelfällen des Schullebens gehören.

SCHULPHOBIE

1. Ärztliche Diagnosen werden nach Begriffen eines internationalen Diagnoseglossars verschlüsselt. Die hier wiedergegebene Diagnose entspricht ICD 10: F 40.4.
2. Die psychoanalytische Pädagogik belegt dies mit dem Begriff »Szenisches Verstehen«. Das heißt, eine reale Szene aus dem Schulleben wird in ihrer Stellvertreterfunktion erkannt. Konflikte, die etwa dem Vater-Sohn-Verhältnis gelten, werden auf den Lehrer übertragen und dort als Autoritätskonflikte ausagiert. Im Unterschied zur psychoanalytischen Therapie will die psychoanalytische Pädagogik die Szene nicht deuten. Durch ein analytisches Verstehen können Pädagogen aber bewußter mit dem Übertragungsangebot umgehen. Sie können damit die Konflikte im »fördernden Dialog« (ein Ausdruck Aloys Lebers, einem Pionier der analytischen Pädagogik) anders beantworten, ins Leere laufen lassen, teilweise auch auflösen.
3. Hermann Hesse: »Kinderseele«. Gesammelte Werke in 12 Bänden, Bd. 5, Frankfurt/M. 1970.
4. Diese und die folgenden Annoncen wurden auf den Seiten für Privatanzeigen des *Kölner Stadt-Anzeigers* 1999 gefunden.
5. Aus tiefenpsychologischer Verstehensweise behandelt Karin Nitzschmann (2000) die Schulverweigerung.

SCHULSCHWÄNZEN

1. Schulschwänzen ist ein häufigeres Phänomen bei Jungen. Oft bestehen Leistungsschwierigkeiten und disziplinäre Klagen der Lehrer. Die Schulleistungen sind durch Rückstände und mangelnde Motivation gekennzeichnet, s. Poustka (1980).
2. Schülerkonflikte werden immer brutaler. Rohe Gewalt gehören inzwischen zum Alltag, meinen Roll, Weignuy und Wolfsgruber in ihrem Focus-Beitrag. Sie bringen diese Freude an der Machtausübung mit Defiziten in der Erziehung, Gewaltdarstellungen als erfolgreiches Mittel der Konfliktlösung in den Medien und allgemeinen gesellschaftlichen Veränderungen wie Arbeitslosigkeit der Eltern und materielle Einbußen in einen Zusammenhang. Projekte gegen Schulunlust und Gewalt sollten die Schüler vermehrt in die Verantwortung nehmen, Freizeitaktivitäten anbieten, das Thema Gewalt thematisieren und eine bessere Zusammenarbeit in den Mittelpunkt rücken.
3. Lehmkuhl et al. (1998) stellen in einer bundesweiten empirischen Studie fest,

daß delinquentes Verhalten von Jugendlichen meist in das frühe Kindesalter zurückreicht: Hyperaktivität und Impulsivität stellen Vorläufer dar, insbesondere wenn durch Familie, Kindergarten und Schule keine eindeutigen Grenzen und Regeln gesetzt und aggressive Verhaltensweisen toleriert werden. Obwohl epidemiologische Zahlen nicht für ein Ansteigen von Aggression und Delinquenz im Kindes- und Jugendalter sprechen, ist anzumerken, daß die Eltern die Verhaltensweisen ihrer Kinder selten als behandlungsbedürftig einschätzen und es darauf ankommt, ihnen die Notwendigkeit frühzeitiger und intensiver Interventionen nahezubringen. Im Alter von elf bis 18 Jahren kommen ausgeprägte Formen aggressiven Verhaltens nach Einschätzung der Eltern bei rund sechs Prozent aller Jungen und bei etwa drei Prozent aller Mädchen vor, während dissoziale Verhaltensauffälligkeiten nach dem Urteil der Eltern bei 1,5 Prozent der Mädchen und bei 3,5 Prozent der Jungen zu beobachten sind. Im internationalen Vergleich ist aggressives und dissoziales Verhalten bei deutschen Kindern und Jugendlichen nach dem Urteil der Eltern und den Jugendlichen selbst etwas geringer ausgeprägt als in den USA. Im Vergleich zu den Niederlanden sind nur geringfügige Unterschiede zu erkennen. Über die Altersspanne von 4 bis 18 Jahren gesehen, nehmen aggressives Verhaltensweisen tendenziell ab und dissoziale zu.

4. Petermann und Mitarbeiter (2001) beschreiben in ihrer Monographie aggressiv-dissoziale Störungen das an Leitlinien orientierte diagnostische und therapeutische Vorgehen. Hierbei kommt der Exploration und der Einbeziehung des Schulumfeldes eine besondere Bedeutung zu. Eine Exploration der Erzieher und Lehrer sollte mit Einverständnis der Eltern erfolgen und Hinweise über Leistungs- und Sozialverhalten erheben.

5. Ausgeprägte emotionale Belastungen und äußere Konfliktsituationen lassen sich zumeist nur durch genaue Explorationen erschließen. Dies setzt eine vertrauensvolle Beziehung zwischen Eltern, Lehrer bzw. therapeutischen Fachleuten voraus. Die Betroffenen müssen sich in ihren Sorgen und Ängsten angenommen und gut beraten fühlen (s. Lehmkuhl 1988).

6. Daß Eltern die delinquenten aggressiven Verhaltensweisen ihrer Kinder zwar registrieren, jedoch selten darauf reagieren, hängt auch mit den häufig vorhandenen äußeren Belastungsfaktoren zusammen. So konnten mangelnde soziale Orientierungsmuster durch familiäre und berufliche Desintegration, verbunden mit Alkohol- und Drogenkonsum, als häufige Ausgangssituation für dissoziales und delinquentes Verhalten festgestellt werden (Lehmkuhl et al. 1998).

7. »Strafe als Erziehungsprinzip in den USA« war ein Beitrag in der *Neuen Zürcher Zeitung* vom 29.5.1998 überschrieben. Immer mehr Schulen in den USA würden mit kompromißloser Strenge auf die zunehmende Gewalt unter Kindern und Jugendlichen reagieren. Die autoritäre Philosophie lasse weder Ausnahmen noch Entschuldigungen zu und erkläre Strafe zum obersten Prinzip. In der alltäglichen Praxis heißt dies: Waffen und Drogen stellen ein absolutes Tabu dar. Dabei spiele es keine Rolle, ob es sich bei der Waffe um ein altes Obstmesser oder einen Revolver handelt oder ob ein Drogenhund statt Heroin Aspirin-Tabletten im Schulranzen aufspürt. Jede Droge sei eine Droge, jede Waffe eine Waffe. Wer mit dem einen oder dem anderen erwischt werde, dem drohe Suspendierung und Schulverweis. Diese neue Erziehungsstrategie führe auch zu absurden Bestrafungsfällen und wird auch deswegen mit Skepsis und Kritik von Jugendexperten und Psychologen betrachtet, weil sie dem Jugendlichen die Möglichkeit zur Selbstverantwortung verwehre und ihnen ein negatives Weltbild vermittele.

8. Karin Truscheit: »Wer lernt, sündigt nicht«. In Philadelphia werden Schul-schwänzer zurück zum Unterricht gebracht, um Gewalt und Kriminalität ein-zuengen. Trotz einiger Erfolge sei man jedoch weit davon entfernt, alle Schulen sicher zu machen. Da aber Schulschwänzen einer von vielen Risikofaktoren, die bei Gewalt an Schulen und Gewalt unter Jugendlichen generell eine Rolle spielen, darstellt, sei das Schulschwänzen das stärkste Warnzeichen für späteres kriminelles Verhalten. Viele Fachleute in den USA seien davon überzeugt, daß Schulschwänzer besonders gefährdet seien, in Bandenkriminalität, Gewaltver-brechen und Mord verwickelt zu werden – als Opfer oder Täter. Denn Jugend-liche, die die Schule schwänzen, haben meist schlechte Noten, brechen häufi-ger ihre Schulausbildung ab, haben schlechtere berufliche Chancen und sind daher eher gefährdet, kriminell zu werden.

9. Nach einer deutschen Studie des Kriminologischen Forschungsinstituts Nie-dersachsen ist die soziale Situation eine Hauptursache für Kinder- und Jugend-kriminalität. Für den Anstieg der Gewalttätigkeit machen Experten auch die Mediengewalt verantwortlich. Bei sozial gesicherten und behüteten Kindern spiele Gewalt im Fernsehen keine Rolle, jedoch wirke sie erheblich bei orien-tierungslosen und verunsicherten Kindern. Ein Bündel von Ursachen aus Armut, Perspektivlosigkeit, Konsumdruck und Mediengewalt führe zu aggres-sivem und kriminellem Verhalten, wobei Schulschwänzen ein häufiges beglei-tendes Phänomen ist (Hentschel 1998, Scheidges 1998).

10. dpa-Meldung vom 11.9.2000.

11. Auch andere Bundesländer wollen das bayerische Modell umsetzen. So plä-diert der CDU-Innenpolitiker Wolfgang Bosbach dafür, daß künftig in ganz Deutschland die Polizei Schulschwänzer aufgreift. Kritisch ist jedoch anzumer-ken, daß die mittel- und langfristigen Effekte solcher Programme noch nicht belegt sind und deswegen mit großer Vorsicht betrachtet werden sollten (s. *Köl-ner Stadtanzeiger* 11.9.2000).

12. Für Kinder mit oppositionellen, aggressiven und dissozialen Verhaltens-auffälligkeiten hat Patterson ein Modell entwickelt, das die verschiedenen Entwicklungsphasen dieser Störung bei Kindern erklärt. Sie beginnen in der frühen Kindheit, im Alter von zwei oder drei Jahren, und enden im Jugendal-ter. Oppositionelles und aggressives Verhalten von Kindern in der Familie wird durch einen Teufelskreis in der Erziehung gefördert und verstärkt. Dieser Teufelskreis besteht aus vielen Ermahnungen, mit wenig positivem und mehr negativem bzw. strafendem Umgang mit dem Kind. Außerdem gelingt es Eltern nur ungenügend, konsequent Erziehungsmaßnahmen umzusetzen. In einen solchen Teufelskreis gerät man einerseits leicht, wenn das Kind ein eher schwieriges Temperament hat, sehr impulsiv reagiert, und andererseits, wenn die Eltern mit bestimmten Belastungen zu kämpfen haben und es nicht ver-stehen, notwendige Erziehungsmaßnahmen durchzusetzen (s. Döpfner et al. 1999).

13. Gross, Michael und Hombach, Michael: »Schule – nein danke!?« Prospekte der Jugendwerkstatt Mülheim der IHK, Köln 2001.

Zu III Wie können Eltern, Lehrer, Therapeuten helfen?

1. In den Leitlinien der Deutschen Gesellschaft für Kinder- und Jugendpsychiatrie und -psychotherapie, des Berufsverbands der Ärzte für Kinder- und Jugend-psychiatrie und -psychotherapie in Deutschland, der Bundesarbeitsgemein-schaft der leitenden Klinikärzte für Kinder- und Jugendpsychiatrie und -psycho-therapie (2000) finden sich Empfehlungen für das diagnostische und

therapeutische Vorgehen. Hier müssen bestimmte Schritte überlegt und durchgeführt werden, um bestimmte Hintergründe nicht zu übersehen und ein empirisch überprüftes Vorgehen anzuschließen. Wenn von diesen Leitlinien abgewichen wird, sollte dies besprochen und erklärt werden.

2. Spezielle Checklisten über verschiedene Verhaltensmerkmale bei Kindern und Jugendlichen zur Diagnoseerleichterung wurden von Döpfner und Lehmkuhl (2000) entwickelt. Ziel ist es, die vorhandenen Schwierigkeiten zu dokumentieren, eine Verlaufsbeschreibung und Therapiekontrolle zu ermöglichen und ein möglichst differenziertes Bild der aktuellen Symptomatik zu ermöglichen.

3. Die abnormen psychosozialen Situationen kommen für die Verursachung von psychischen Störungen oder für die Therapieplanung eine besondere Bedeutung zu. Um dieser besonderen Bedeutung gerecht zu werden, wurde im Multiaxialen Klassifikationsschema für psychische Störungen des Kindes- und Jugendalters nach ICD-10 eine eigene Dimension geschaffen, um diese Risikofaktoren zu beurteilen. In einem speziellen Glossar sowie in einem Fallbuch werden die Kriterien der Beurteilung definiert (Poustka 2000, Remschmidt et al. 2001).

4. Eine genaue Auflistung der Kategorien findet sich in Remschmidt et al. auf Seite 331 bis 390. Hierzu gehört auch die Kurzfassung eines Elterninterviews, das die relevanten Merkmale erhärtet.

5. Erhebungen von Informationen in der Familie oder in der Schule sind von besonderer Bedeutung, um zu sehen, wie situationsübergreifend und stabil die Schwierigkeiten sind. Hierzu gibt es spezielle Diagnosechecklisten sowie spezielle Fragebogenverfahren, die verschiedene Verhaltensparameter erfassen. Mit der deutschen Child-Behavior-Checklist liegt ein Verfahren vor, das bei Lehrern, Eltern und Jugendlichen ab elf Jahren angewandt werden kann. Diese Fragebögen erfassen Verhaltensauffälligkeiten und Verhaltenskompetenzen aus der Sicht verschiedener Beurteiler. Der Fragebogen gibt Auskunft über acht weitgehend identische Problemskalen, die folgende Bereiche beschreiben: dissoziales Verhalten, aggressives Verhalten, soziale Probleme, Aufmerksamkeitsstörungen, körperliche Beschwerden und internalisierte Störungen wie depressive Symptome (Döpfer et al. 2000).

6. Die Fremdbeurteilungsbögen und Selbstbeurteilungsbögen für Störungen des Sozialverhaltens umfassen 25 Items, die oppositionell-aggressives Verhalten und dissozial-aggressives Verhalten erfragen. Hierbei werden sowohl auf den familiären Kontext begrenzte als auch im sonstigen Umfeld auffallende Merkmale erhoben (Döpfner und Lehmkuhl 2000).

7. Über den Verlauf von Kindern mit Schulverweigerung und Schulängsten liegt eine Vielzahl von Untersuchungen vor, die zeigen, daß die weitere Entwicklung dieser Kinder und Jugendlichen nicht unproblematisch ist (s. Lehmkuhl und Doll 1994). Bei einer Vielzahl der Betroffenen bestehen noch nach mehreren Jahren depressive und ängstliche Symptome (Bernstein et al. 2001, King und Bernstein 2001).

Zu IV Brauchen wir eine Angstkultur?

1. Die Verfasser sahen sich nach dem 11. September 2001 überhäuft von Anfragen der Medien, wie Kinder denn mit der aufkommenden Angst vor Terror und Krieg umgehen könnten. Die Fragestellungen wirkten teilweise so, als sei die Menschheit erstmals mit dem Erleben von realer Angst konfrontiert (vgl. Oelsner 2001).

2. Anna Freud: Wege und Irrwege der Kinderentwicklung« S. 17.

3. Ebenda

Bibliographie

Allgemeine Literatur

Baumert, J.; Klieme, E.; Neubrand, M.; Prenzel, M.; Schiefele, U.; Schneider, W.; Stanat, P.; Tillmann, K.-J.; Weiß, M. (2001): *Schülerleistungen im internationalen Vergleich*. Kultusminister der Länder in der Bundesrepublik Deutschland in Zusammenarbeit mit dem Bundesministerium für Bildung und Forschung.

Berg, I.; Butler, A.; Hall, G. (1976): The outcome of adolescent school phobia. *Brit.J.Psychiat.* 128, S. 80-85.

Berg, I.; Nichols, K.; Pritchard, C. (1969): School phobia – its classification and relationship to dependency. *J.Child Psychol. Psychiat.* 10, S. 123-141.

Bernstein, G. A.; Hektner, J. M.; Borchardt, C. M.; McMillan, M. H. (2001): Treatment of school refusal: One-year follow-up. *J.Am.Acad.Child Adolesc.Psychiatry* 40, S. 206-213.

Döpfner, M.; Lehmkuhl, G.; Heubrock, D.; Petermann, F. (2000): *Diagnostik psychischer Störungen im Kindes- und Jugendalter*. Göttingen: Hogrefe.

Döpfner, M.; Plück, J.; Berner, W.; Englert, E.; Fegert, J. M.; Huss, M.; Lenz, K.; Schmeck, K.; Lehmkuhl, G.; Lehmkuhl, U.; Poustka, F. (1998): Psychische Auffälligkeiten und psychosoziale Kompetenzen von Kindern und Jugendlichen in den neuen und alten Bundesländern. *Zeitschrift für Klinische Psychologie* 27 (1), S. 9-19.

Döpfner, M.; Schürmann, S.; Lehmkuhl, G. (1999): *Wackelpeter und Trotzkopf. Hilfen bei hyperkinetischem und oppositionellem Verhalten*. Weinheim: Beltz.

Freud, A. (1968): *Wege und Irrwege der Kinderentwicklung*. Bern: Huber.

Hentschel, A.: Armut, Konsumdruck, Bilder der Gewalt. *Tagesspiegel*, 30. Mai 1998.

Hesse, Hermann (1970): Kinderseele. *Gesammelte Werke* in 12 Bänden, Bd. 5, Frankfurt/M.: Suhrkamp.

King, N. J.; Bernstein, G.A.(2001): School refusal in children and adolescents: A review of the past 10 years. *J.Am.Child Adolesc.Psychiatry* 40, S. 197-205.

Landschaftsverband Rheinland (Hrsg.): Betrifft: Schulverweigerung. *Kongreßdokumentation des Landesjugendamtes Bonn*, 26./27. September 1995.

Landschaftsverband Rheinland (Hrsg.): Stören, Schwänzen, Scheitern. *Kongreßdokumentation des Landesjugendamtes Köln*, 13. September 2000.

Lehmkuhl, G. (1994): Befindensstörung beim Kind – organisch oder funktionell? *Therapiewoche* 38, S. 1468-1477.

Lehmkuhl, G.; Doll, U. (1994): Das überängstliche Kind. *Z.Allg.Med.* 70, S. 278-283.

Lehmkuhl, G.; Doll, U., Blanz, B. (1988): Schulphobisches Verhalten. *Sozialpäd.* 10, S. 569-575.

Lehmkuhl, G.; Doll, U.; Blanz, B. (1988): Schulphobisches Verhalten. Eine Untersuchung zu Diagnostik, Differentialdiagnostik und Therapie. *Sozialpädiatrie in Praxis und Klinik* 10, Nr. 8, S. 569-575.

Lehmkuhl, G.; Döpfner, M.; Plück, J.; Berner, W.; Fegert, J. M.; Huss, M.; Lenz, K.; Schmeck, K.; Lehmkuhl, U.; Poustka, F. (1998): Häufigkeit psychischer Auffälligkeiten und somatischer Beschwerden bei vier- bis zehnjährigen Kindern in Deutschland im Urteil der Eltern. *Z.Kinder-Jugendpsychiat.* 26, S. 83-96.

Lehmkuhl, G.; Plück, J.; Döpfner, M. (1998): Formen jugendlicher Gewalt. *Gesundheitswesen* 60, S. 644-648.

Nitzschmann, K. (2000): *Verweigerung macht Sinn – Schulvermeiden und Weglaufen als Selbstfindung.* Frankfurt/M.: Brandes & Apsel.

Oelsner, W.: Chance für eine neue Angstkultur – Kinderleben und Erziehung nach dem 11. September. *Dr. med. Mabuse. Zeitschrift im Gesundheitswesen,* 26, Nr. 134, Nov./Dez. 2001.

Oelsner, W. (1991): Der psychoanalytisch ausgebildete Pädagoge – eine gespaltene oder eine erweiterte Persönlichkeit? *Kind und Umwelt,* Nr. 69, Febr. 1991.

Petermann, F.; Döpfner, M.; Schmidt, M. H. (2001): *Aggressiv-dissoziale Störungen.* Göttingen: Hogrefe.

Poustka, F. (1980): Schulphobie. Differentialdiagnose und Behandlungsindikation. *Pädiat. prax.* 23, S. 575-586.

Poustka, F.; Goor-Lambo, G. von (2000): *Fallbuch der Kinder- und Jugendpsychiatrie.* Bern: Huber.

Remschmidt, H.; Schmidt, M.; Poustka, F. (Hrsg.) (2001): *Multiaxiales Klassifikationsschema.* Bern: Huber, 4. Aufl.

Roll, T.; Weiguny, B.; Wolfsgruber, A.: Faustrecht macht Schule. *Focus,* Nr. 10 (1998), S. 72-84.

Rutter, M.; Tizard, J.; Whitmore, K. (1970): *Education, health and behaviour.* Longmans, London.

Scheidges, R.: Wenn Kinder kriminell werden. *Tagesspiegel,* 30. Mai 1998.

Schlung, E. (1987): *Schulphobie,* Weinheim: Beltz.

Schmitt, U.: Sind Japans Karrierekinder müde? *Frankfurter Allgemeine Zeitung,* 13. Oktober 1992.

SchuPs: Zeitschrift des Arbeitskreises »*Schule und Psychiatrie*«, Hamm, Hefte 1-11, ISSN 1815-5033.

Singer, K. (2000): *Wenn Schule krank macht,* Weinheim: Beltz.

Truscheit, K.: Wer lernt, sündigt nicht. Frankfurter Allgemeine Zeitung, 24. Januar 2001.

Spezielle Literatur zu Diagnose und Test

Übersichten

Cierpka, M. (Hrsg.) (1996): *Handbuch der Familiendiagnostik.* Berlin: Springer.

Döpfner, M.; Lehmkuhl, G.; Heubrock, D.; Petermann, F. (2000): *Diagnostik psychischer Störungen im Kindes- und Jugendalter.* Göttingen: Hogrefe.

Testverfahren

Arbeitsgruppe Deutsche Child Behavior Checklist (1993a): *Lehrerfragebogen über das Verhalten von Kindern und Jugendlichen;* deutsche Bearbeitung der Teachers Report Form der Child Behavior Checklist (TRF). Einführung und Anleitung zur Handauswertung, bearbeitet von M. Döpfner und P. Melchers. Köln: Arbeitsgruppe Kinder-, Jugend- und Familiendiagnostik (KJFD).

Arbeitsgruppe Deutsche Child Behavior Checklist (1998a): *Elternfragebogen über das Verhalten von Kindern und Jugendlichen;* deutsche Bearbeitung der Child Behavior Checklist (CBCL/4-18). Einführung und Anleitung zur Handauswertung. 2. Auflage mit deutschen Normen, bearbeitet von M. Döpfner, J. Plück, S. Bölte, K. Lenz, P. Melchers und K. Heim. Köln: Arbeitsgruppe Kinder-, Jugend- und Familiendiagnostik (KJFD).

Arbeitsgruppe Deutsche Child Behavior Checklist (1998b): *Fragebogen für Jugendliche;* deutsche Bearbeitung der Youth Self-Report Form der Child Behavior Checklist (YSR). Einführung und Anleitung zur Handauswertung. 2. Auflage mit deutschen Normen, bearbeitet von M. Döpfner, J. Plück, S. Bölte, K. Lenz, P. Melchers und K. Heim. Köln: Arbeitsgruppe Kinder-, Jugend- und Familiendiagnostik (KJFD)

Bene, E.; Anthony, J. (1985): *Family Relations Test (FRT).* London: NFER Publishing Company.

Döpfner, M.; Berner, W.; Fleischmann, T.; Schmidt, M. H. (2001): *Verhaltensbeurteilungsbogen für Vorschulkinder (VBV).* Weinheim: Beltz, 2. aktualisierte und erweiterte Auflage in Vorbereitung.

Döpfner, M.; Lehmkuhl, G. (2000): *DISYPS-KJ. Diagnostik-System für psychische Störungen im Kindes- und Jugendalter nach ICD 10 und DSM IV.* Bern: Huber, 2. Aufl.

Kaufmann, A. S.; Kaufmann, N. L. (1994): *Kaufmann-Assessment Battery for Children (K-ABC).* Deutsche Bearbeitung von P. Melchers und U. Preuß. Lisse: Swets & Zeitlinger. 3. teilweise ergänzte Auflage.

Olsen, D. H.; Bell, R.; Portner, J. (1982): *FACES II – Family Adaptability and Cohesion Evaluation Scales.* St. Paul, MN: University of Minnesota Press.

Olsen, D. H.; Portner, J.; Lavee, Y. (1985): *FACES III – Family Adaptability and Cohesion Evaluation Scales.* St. Paul, MN: University of Minnesota Press.

Rost, D. H.; Schermer, F. J.(1997): *FACES II – Family Adaptability and Cohesion Evaluation Scales.* St. Paul, MN: University of Minnesota.

Tewes, U.; Schallberger, U.; Rossmann, K. (Hrsg.) (2000): *Hamburg-Wechsler-Intelligenz-Test für Kinder III (HAWIK-III).* Bern: Huber.

Wieczerkowski, W.; Nickel, H.; Janowski, A.; Fittkau, B.; Rauer , W. (1981): *Angstfragebogen für Schüler (AFS).* Göttingen: Hogrefe, 6. Aufl.